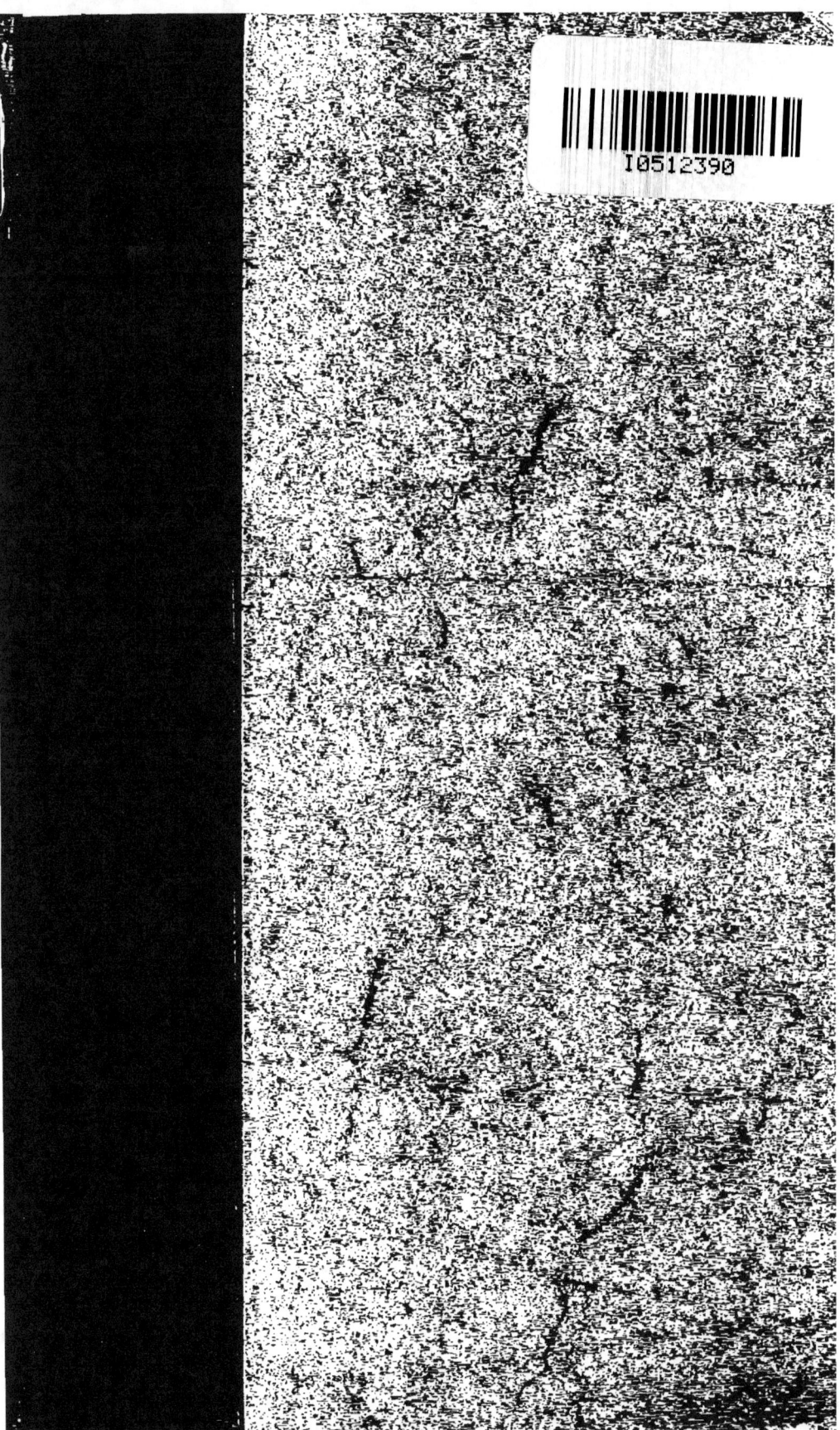

(C.)

24679

EXPOSITION

DES

ARTISTES VIVANTS.

OUVRAGES DE M. E.-J. DELÉCLUZE.

FLORENCE ET SES VICISSITUDES. 2 vol. in-8. Deuxième édition.

RENAISSANCE DES CONNAISSANCES HUMAINES EN EUROPE.

Ouvrages de la première série, publiés.

ROLAND ou la Chevalerie. 2 vol. in-8.
GRÉGOIRE VII, la Théocratie ; SAINT FRANÇOIS D'ASSISES, le Monachisme ; SAINT THOMAS D'AQUIN, Philosophie rationnelle. 2 vol. in-8 (*épuisé*).
ROGER BACON, Philosophie expérimentale.
RAYMOND LULLE, Encyclopédie, Alchimie.
RUTEBOEUF, Poésie populaire.
DANTE, Poésie amoureuse et mystique. 2 vol. in-12.
MARCO POLO, Exploration du globe.
FRANÇOIS DE BARBERINO, Philosophie morale.

Deux morceaux composés, mais non publiés, compléteront cette première série :

BEAUMANOIR, le Droit civil.
MONTREUIL, l'Art gothique.

Ouvrages de la deuxième série, publiés.

F. PÉTRARQUE, Philosophie morale.
G. CHAUCER, les Libres penseurs.
AENEAS PICCOLOMINI, Politesse et politique modernes.
BRUNELLESCO, Architecture classique.
LÉONARD DE VINCI, Arts, Sciences.
L. ARIOSTE, Mœurs en Italie.
F. RABELAIS, Mœurs en France.
B. PALISSY, Chimie, Géologie.
ANDRÉ VÉSALE, Anatomie, Médecine.
PALESTRINA, Musique.

Quatre morceaux non publiés compléteront la deuxième série et tout l'ouvrage, ce sont :

GUILLAUME TELL, les Jacqueries du XIVe siècle.
BOCCACE, l'Érudition.
GUTTEMBERG, l'Imprimerie.
LUTHER et IGNACE DE LOYOLA, la Réformation.

OUVRAGES SUR LES ARTS.

TRAITÉ DE PEINTURE. 1 vol. in-18 (*épuisé*).
LE VATICAN. Brochure in-8 (*épuisée*).
SALVATOR ROSA. Brochure in-8 (*épuisée*).

NOTICE SUR LA VIE ET LES OUVRAGES DE L. ROBERT. In-8, 5 grav. (*épuisé*).

ROMANS, NOUVELLES.

Mademoiselle JUSTINE DE LIRON, troisième édition.
DONA OLIMPIA, deuxième édition.

LA PREMIÈRE COMMUNION, deuxième édition.
FLAVIE, deuxième édition.

CRITIQUE LITTÉRAIRE.

ROMÉO ET JULIETTE. 1 vol. in-12 (*épuisé*).

IMPRIMERIE DE W. REMQUET ET Cie, RUE GARANCIÈRE, 5.

EXPOSITION

DES

ARTISTES VIVANTS

1850

PAR E.-J. DELÉCLUZE.

> Quelli che s'innamorano della pratica senza la scienza sono come i nocchieri ch'entrano in mare, sopra nave senza timone o bussola, che mai non hanno certezza dove si vadino.
> *Cap. xxiij.* Leonardo da Vinci.

PARIS.
AU COMPTOIR DES IMPRIMEURS,
— COMON, ÉDITEUR —
QUAI MALAQUAIS, N. 15.

1851.

A M. ARMAND BERTIN.

Cher et ancien ami,

Depuis vingt-neuf ans, d'abord près de votre respectable père et ensuite avec vous, que je n'ai pas cessé de traiter les matières d'art dans le Journal des Débats, voici la première fois que je publie séparément l'examen d'une exposition. La dernière de ces solennités, tant par son importance qu'à cause des questions d'art qu'elle a soulevées parmi les artistes et jusqu'au milieu du public, m'a fait penser que le recueil des articles sur l'exposition de 1850-1851, insérés dans votre journal, pourrait offrir quelque intérêt dès aujourd'hui, et surtout laisser des matériaux utiles à ceux qui, après nous, auront l'idée de se livrer à des recherches sur l'histoire des arts dans notre pays.

Voici donc ce recueil que je vous dédie, mon cher Armand, en mémoire des longs travaux auxquels nous avons pris part, et avant tout comme un témoignage de la sincère et inaltérable amitié que je vous porte.

Éne-Jn DELÉCLUZE.

TABLE DES MATIÈRES.

		Pages.
I. — Ouverture du salon.		1
II. — Palais-Royal. — Le livret de 1850. — MM. Courbet et Hébert.		19
III. — Peinture : MM. Charles Muller, A. Debay, Philippoteaux, Vinchon, Ch. Langlois.		34
IV. — Peinture : MM. Antigna, Ziegler, Lehmann, Laemelein, Schutzenberger, Gigoux, Féron, Barrias, Jobbé-Duval, Timbal, A. Hesse, Robert Fleury, Decamps et madame Pauline Laurent.		51
V. — Sculpture : MM. Pollet, Pradier, Jouffroy, Lequesne, A. Millet, Barrye, Loyson, Clessinger, etc — Plaie de l'art. — Nouveau jury. — Expositions annuelles. — Naturalisme.		75

VI. — Peinture : MM. Chassériau, E. Odier, Bigand, L.-N. Duveau, Yvon, P. Franque, Picou. Gérôme et E. Delacroix. — Croquis et esquisses des grands maîtres. — Pochades et tartouillades de 1850. 99

VII. — Paysage : MM. P. Flandrin, Aligny, Adolphe Viollet-Leduc, Léon Fleury, Decamps, Diaz, Corot, Palizzi, Français, Felon, Jeanron, Bodmer, Jules André, Wild, Cabat, Lapito, Thuillier, Lambinet, feu T. Blanchard et mademoiselle Rosa Bonheur. — Le jury. 121

VIII. — Portraits : MM. Lehmann, Faivre-Duffer, Amaury-Duval, H. Flandrin, Jalabert, Pérignon, H. Scheffer, Courbet, Dubuffe, Vidal, H. Vernet. 147

IX. — Genre : MM. Meissonnier, Decamps, Vetter, E. Isabey, Girardet. — Fleurs : Mesdames P. Girardin, P. Allain, A. Girbaud, E. Wagner, A. Cobus. — Dessins : MM. A. François, Vidal, Bida, Goddé, Sudre. — Gravure : MM. Martinet, Mandel, A. Blanchard, A. François, Burdet. — Lithographie. — Architecture. . . 175

X. — Résumé. — Conclusions. — Critique. 229

XI. — Distribution des récompenses aux artistes. . . . 262

Règlement de l'exposition publique des ouvrages des artistes vivants. 264

Noms des artistes cités dans cet ouvrage. 283

SALON DE 1850.

I.

OUVERTURE DU SALON.

30 décembre 1850.

L'homme étant le centre de la circonférence, plus ou moins étendue, dans laquelle s'agitent et tournent ses idées et ses actes, il s'ensuit nécessairement que, dans un temps donné, l'humanité contracte les mêmes pensées et refait à peu près les mêmes choses, bien que chaque génération prise ordinairement assez peu celles qui l'ont précédée, et qu'elle soit toujours émerveillée des prétendues nouveautés qu'elle croit avoir découvertes.

Il arrive donc, peut-être en raison de ce mouvement mécaniquement circulaire, après les cent cinquante-sept ans écoulés depuis la première exposition des artistes vivants, qui eut lieu à Paris, dans l'une des cours du Palais-Royal, que l'on a choisi presque la même place pour la solennité analogue de cette année; car on croit que l'emplacement où se fit la première exposition est celui sur lequel se trouve aujourd'hui le Théâtre-Français.

Quoi qu'il en soit, et puisque cet accident semble déterminer, après un siècle et demi, le développement complet d'un cercle d'idées et de travaux qui se rattachent au même objet, peut-être n'est-il pas inutile d'en passer en revue les principaux degrés, afin de s'assurer de la réalité des progrès que l'on a pu faire, et de savoir si, comme l'écureuil dans sa cage tournante, on s'est donné beaucoup de mouvement sans avancer. Ouvrons donc les archives et consultons les faits.

L'usage d'exposer publiquement les ouvrages des artistes vivants est tout à fait moderne puisqu'il ne remonte pas plus haut qu'au dernier tiers du XVIIe siècle. En outre, je ferai observer que ce mode d'exposition fut le résultat fatal de l'abandon des grands principes de l'art, lorsque vers la fin du xvie siècle, les peintres cessèrent peu à peu de consacrer leur talent à la décoration des édifices religieux et civils, pour se soumettre aux goûts des amateurs, et travailler particulièrement pour enrichir leurs cabinets et leurs galeries. Pour passer de ces galeries de riches particuliers, où les ouvrages sont réunis sans avoir une destination précise, aux expositions publiques, il n'y a qu'un pas, et il fut bientôt franchi.

En 1648, les artistes français, d'après les conseils de Charles Lebrun, déjà célèbre, sollicitèrent auprès du roi Louis XIV la faveur de se former en société ; ce qui leur fut accordé. Sur ce fondement, on établit, quelques années après, l'Académie royale de peinture, sculpture et gravure, qui fut constituée et ouverte en 1665.

La création de cette académie suggéra bientôt, à ceux qui en étaient membres, l'idée de demander encore au roi la permission d'exposer publiquement leurs ouvrages, afin de justifier aux yeux du public les faveurs qu'ils avaient reçues, et de profiter des critiques que leurs travaux feraient naître.

Cette demande fut encore accordée, et la première exposition publique des artistes académiciens vivants, qui eut lieu à Paris, se fit en 1673, à ciel ouvert, dans la cour du Palais-Royal. D'après *la liste* (pièce fort rare aujourd'hui) *des tableaux et pièces de sculpture exposés dans la cour du Palais-Royal par MM. les peintres et sculpteurs de l'Académie royale*, il y eut cent quarante ouvrages exposés par cinquante artistes, dont trente-neuf peintres, six sculpteurs et cinq graveurs.

De ces cinquante noms, il y en a dix plus ou moins célèbres, mais dont on a conservé la mémoire : Charles Lebrun, Stella, Philippe de Champagne et Boullongne, peintres d'histoire ; puis Vander Meulen et Bourguignon, peintres de batailles, et Baptiste, célèbre peintre de fleurs. Des sculpteurs portés sur la liste, Girardon est le seul connu aujourd'hui. Quant aux graveurs Leclerc et Bernard Picard, leurs noms sont encore dans la mémoire de tous les amateurs.

Sur les cinquante noms de la liste de 1673, il y en a donc un cinquième qui a résisté à l'oubli pendant plus d'un siècle et demi ; et si, comme cela était possible alors, Claude le Lorrain, Mignard, Largillière, Jouvenet, Audran, Nanteuil, Edelinck, Drevet, Coustou et Coisevox eussent participé à cette première exposition dans la *cour du Palais-Royal*, à la place de dix ou douze peintres plus que médiocres qui figurent sur la liste, les artistes restés célèbres formeraient, au lieu du cinquième, bien près de la moitié des expoants de 1673. Vingt artistes restés célèbres, sur cinquante exposants! Notons bien ce rapport, sur lequel nous reviendrons bientôt, et jetons d'abord un coup d'œil rapide sur la marche des expositions qui se sont succédé jusqu'à nos jours.

La seconde exposition n'eut lieu que vingt-sept ans après la première, en 1699. On l'ouvrit au Louvre sous les auspices de Mansard, et ce fut Coypel qui eut les honneurs du Salon, où les académiciens envoyèrent 306 morceaux.

A la troisième, en 1704, on comptait déjà 447 peintures, 34 sculptures et 19 gravures; 520 morceaux en tout.

Sous Louis XV, il y a eu vingt-quatre expositions, dont la plus abondante, celle de 1765, ne fournit que 428 articles au livret.

Pendant le règne de Louis XVI, on en compte neuf. Le livret de 1779 n'accuse que 293 articles mais en 1789 il y en a eu 350.

Pendant la première République, huit expositions ont eu lieu. Dès 1791, l'Académie avait été détruite, et la Convention, en 1793, ayant décrété que tous les artistes seraient indistinctement admis à exposer leurs ouvrages au Louvre, le chiffre des articles portés au livret de cette année s'éleva tout à coup à 1,040. Cependant, cette fécondité ne se soutint pas. Quoique à cette époque tout se fît violemment, on sentit aussitôt que l'idée d'admettre les productions des artistes au salon, sans aucun contrôle, ne pouvait être réalisée, et, sous prétexte de repousser du Louvre tout ce qui pourrait blesser les mœurs et les idées politiques du temps, on créa arbitrairement un jury qui fut même assez sévère. La vérité est que les ouvrages exposés, qui s'élevaient en 1793 à 1,040, tombèrent à 487 en l'an IX (1801). Mais c'est sous l'Empire que l'accroissement des expositions au Louvre devient très-sensible et plus régulier. En voici la progression :

An XII, 697 morceaux : 560 de peinture, 60 de sculpture, 65 de gravure et 12 d'architecture.

En 1806, 707 morceaux : 575 de peinture, 56 de sculpture, 25 d'architecture, 51 de gravure.

En 1808, 779 morceaux : 631 de peinture, 68 de sculpture, 16 d'architecture, 64 de gravure.

En 1810, 1,219 morceaux : 870 de peinture,

133 de sculpture, 25 d'architecture, 191 de gravure.

En 1812, 1,327 morceaux : 1,025 de peinture, 195 de sculpture, 11 d'architecture, 98 de gravure.

A ces cinq expositions il faut ajouter celle où l'on réunit en 1810 tous les ouvrages d'art qui furent mentionnés dans le rapport du jury sur les prix décennaux, ce qui porte le total de ces solennités à six pendant le Consulat et le règne de Napoléon.

Pendant la Restauration il y eut également six expositions : en 1814, 1,528 morceaux; en 1817, 1,097; en 1819, 1,611; en 1822, 1,802; en 1824, 2,180; en 1827, 1,820.

Sous Louis-Philippe, les expositions devinrent annuelles. Il y en eut seize. A la plus abondante, celle de 1833, le livret accusait 2,925 articles; dix ans après, en 1843, on n'en comptait que 1,597; mais aux autres années, le nombre n'a jamais varié que de 2,120 à 2,500.

Enfin, après la révolution de Février, sous la seconde République, on trouve au livret de l'exposition de 1848, le chiffre énorme de 5,180 articles.

Or, de toutes ces expositions comparées, il résulte que le maximum des objets portés dans les livrets du Salon, depuis 1673 jusqu'en 1848, est sous :

Louis XIV, de	520
Louis XV, de	428
Louis XVI, de	350
La première République, de	1,040
L'Empire, de	1,327
La Restauration, de	2,180
Louis-Philippe, de	2,925
La deuxième République, de	5,180

Je disais donc plus haut que si les vingt-et-un artistes éminents que j'ai nommés eussent fait partie des cinquante académiciens qui exposèrent en 1673, ils auraient atteint à peu de chose près la moitié du nombre des exposants. Mais pour faire accorder cette supposition raisonnable avec la réalité, nous admettrons qu'ils en formaient le tiers.

Maintenant, dans l'intention de découvrir d'une manière précise quel a pu être le résultat des expositions au Louvre sur le progrès des arts et sur la profession d'artiste pendant cent vingt-sept ans, nous comparerons l'exposition de 1673 à celle de 1810, l'une des plus remarquables, sans contredit, du siècle qui s'écoule.

En effet, par une exception unique, tous les

artistes les plus célèbres de cette époque contribuèrent à l'éclat de cette solennité. Au livret de 1810 sont inscrits 395 peintres, 56 sculpteurs, 18 architectes et 64 graveurs; en tout 533 exposans, qui envoyèrent au Louvre 1,219 ouvrages.

Parmi les 533 noms inscrits, on distingue ceux des peintres L. David, Girodet, Gérard, Gros, Guérin, Prud'hon, Carle Vernet, Granet, Valenciennes, Chauvin, Hersent, Isabey père et Turpin de Crissé; ceux des sculpteurs Chaudet, Cartellier et Bosio; ceux des graveurs Berwic et Desnoyers; et enfin ceux des architectes Percier, Fontaine et Brongniart, et du peintre de fleurs Redouté.

J'engage les intéressés dans la question à compulser le livret de 1810 pour s'assurer si, au-delà des vingt-et-un noms que je viens de citer, il y en a qui soient vraiment restés célèbres, ce que je ne crois pas. Cela étant, nous avons donc, d'une part, en 1673, le tiers des exposans qui ont conservé un nom, tandis qu'en 1810 le bataillon sacré des artistes ne forme que la vingt-quatrième partie des 533 peintres, sculpteurs, graveurs et architectes qui ont concouru à l'exposition de cette année.

Tel est le calcul fait dans toute sa rigueur. Mais comme ici nous prenons plus d'intérêt à l'histoire de l'art qu'à celle de l'Académie, nous devons faire entrer en ligne de compte les artistes éminens qui ne faisaient pas partie de ce corps en 1673, il est vrai, mais qui illustraient cependant la France par leurs travaux, comme Claude le Lorrain, Mignard, Largillière et d'autres que j'ai déjà nommés. En recomposant ainsi, par la pensée, l'Académie royale telle qu'elle aurait dû l'être, alors les artistes justement célèbres de 1673, au lieu de n'entrer que pour un tiers dans le nombre des exposants, en auraient fourni la moitié.

J'ai choisi, pour en comparer les résultats, les deux expositions les plus remarquables ouvertes dans l'espace de cent trente-sept ans, et où se distingua l'élite des artistes des deux grandes époques de l'art en France, celle de C. Lebrun et celle de L. David, sur lesquelles le temps a déjà permis de porter un jugement impartial. Or, cette comparaison nous donne pour résultat réel et définitif :

En 1673, le tiers d'artistes encore célèbres aujourd'hui, sur le total de cinquante exposants ;

En 1810, le vingt-quatrième d'artistes connus, sur le total de cinq cent trente-trois exposants.

A ce fait significatif, j'en ajouterai un qui l'est plus encore. Après les recherches les plus scrupuleuses que j'ai pu faire sur les noms célèbres des deux époques, je n'ai pu dépasser le nombre de vingt-et-un élus, en 1673 comme en 1810 ; ce qui m'a confirmé dans l'opinion que j'ai émise plusieurs fois, pendant les expositions précédentes, que, quelque grand que devienne le nombre des artistes sans vocation qui portent leurs ouvrages au Louvre, celui des hommes distingués, depuis le peintre et le sculpteur, à qui on reconnaît le véritable génie de son art, jusqu'aux artistes de talent, est toujours à peu près le même à chaque génération.

Après les investigations auxquelles nous venons de nous livrer, on se demande naturellement où est le progrès réel amené par les expositions. Il est certain que si on ne le voit, que si on ne l'exige que dans la diffusion du talent de dessiner, de peindre, de sculpter et de graver, considéré comme moyen de transmission de la pensée à l'instar de l'écriture, l'usage de tous ces arts graphiques est devenu si commun, tellement banal même, que le progrès complet en ce genre sera promptement obtenu. Mais l'art, quel avantage a-t-il tiré des soixante-quatorze expositions qui ont eu lieu depuis 1673, s'il est vrai, comme je viens de le dire, que le nombre des artistes d'élite soit le même en

1810 qu'en 1673, et que le rapport des exposants de ces deux années soit de cinquante à cinq cent trente-trois?.

Telle est la question qui s'est présentée à mon esprit, et que j'ai fait en sorte de poser de la manière la plus lucide, afin d'appeler l'attention, et la critique même des personnes compétentes, sur la suite des faits que j'ai présentés. Si leur exactitude est reconnue, et que les conséquences de ces prémisses soient acceptées, les conclusions seraient bien graves; et c'est pour cette raison que je livre les pièces de ce procès au public, avant de le juger définitivement.

Quoi qu'il en soit, depuis qu'une prudence tardive a fait éloigner les expositions de la grande galerie du Louvre, et qu'un essai malheureux ait démontré combien le château des Tuileries est peu propre à ces solennités, on a pensé à l'édifice du Palais-Royal, dit aujourd'hui National. Mais à la première inspection des lieux, il fut facile de reconnaître qu'en raison de la grêle menaçante de cinq mille ouvrages d'art à placer tous les ans, le Palais-Royal n'était pas beaucoup plus favorable à nos expositions que les Tuileries. Le chef de la division des beaux-arts au ministère de l'intérieur, M. de Guizard, ayant reconnu l'impossibilité de placer sous un jour favorable le nombre des ouvrages envoyés annuellement, a pris le parti de faire élever dans la cour d'honneur du Palais dit National un bâtiment contigu à la façade intérieure, dont la capacité remplaçât et dépassât même celle du grand salon du Louvre. Cette résolution prise par M. de Guizard et approuvée par le ministre, le chef des beaux-arts a mis tout le zèle et toute l'activité dont on le sait capable pour que ce projet fût mis à exécution avec le plus d'habileté et de promptitude possible, et il a fait choix de deux artistes d'un talent éprouvé et reconnu, M. Chabrol, architecte, et M. Séchan, peintre décorateur.

Dans la cour d'honneur s'élève, appuyé sur la façade intérieure du palais, un bâtiment dont les grandes divisions intérieures se composent, au centre, d'un grand salon carré égal à celui du Louvre, et flanqué de quatre vastes galeries. Ce salon et ces quatre galeries sont éclairés par des ouvertures pratiquées dans la toiture ; en sorte que tous les tableaux, ainsi que les statues, reçoivent également une lumière franche, mais tempérée par un vitrage dépoli.

L'architecte, M. Chabrol, a résolu fort heureusement un problème difficile, celui de lier les péristyles du palais avec la nouvelle construction, de manière à faire des entrées faciles tout en profitant des constructions à rez-de-chaussée du palais, pour les transformer en galeries destinées à recevoir les sculptures.

L'entrée principale de l'exposition est par les grandes portes qui donnent sur la rue Saint-Honoré; mais il y en a une seconde sous le vestibule de la galerie de Nemours, pour diviser la foule des curieux.

Du rez-de-chaussée on monte, par le grand escalier d'honneur à double rampe, au premier étage et l'on parcourt les appartements du levant et du midi, puis, après avoir traversé la galerie aux fleurs, on arrive jusqu'aux salles du côté du couchant qui aboutissent au grand escalier neuf par lequel on descend à la galerie de Nemours, qui est la sortie de l'exposition.

A cet aperçu général des différents vaisseaux disposés pour recevoir la nombreuse exposition de 1850, j'en joindrai un des dispositions décoratives que M. Séchan a établies dans le grand salon et les quatre galeries, le tout compris dans le bâtiment carré. Au centre du grand salon est une figure colossale de la République, et sur les voussures on voit quatre figures composées par

M. Gobert et peintes à la détrempe par M. Gosse; elles représentent la *Foi*, la *Poésie*, la *Science*, le *Travail*. Chacune d'elles tient une double tige de lauriers dont les entrelas réguliers et à distances égales forment une suite d'encadrements dans lesquels sont inscrits les noms des peintres français célèbres, depuis Jean Goujon jusqu'à nos jours. Ces figures et ces ornements, entourés d'un fond bleu étoilé, sont d'un ton harmonieux tempéré encore par la courbe rentrante des voussures, en sorte que loin de nuire à l'effet des tableaux exposés, ils le protègent.

L'innovation la plus remarquable dans cette nouvelle salle d'exposition est le mélange des ouvrages de sculpture avec ceux de peinture. Dans les quatre galeries qui entourent le grand salon on a placé les statues qui ont paru les meilleures au jury chargé de présider au placement des objets reçus. Cette innovation n'est pas sans importance, si on la considère du point de vue de l'art; mais quant à l'effet de décoration que produisent ces marbres mêlés à ces toiles peintes, cela est très-agréable à l'œil. Au surplus M. Séchan est maître en ce genre, et puisqu'il s'est mêlé d'orner le grand salon, on pouvait s'attendre à quelque chose de bien compris et bien exécuté.

Tout cet énorme travail, qui n'est, comme de coutume chez nous, que du provisoire, a été terminé avec une célérité inconcevable, grâce au talent des deux artistes, MM. Chabrol et Séchan, et au zèle si remarquable que M. de Guizard met à être utile aux arts et agréable aux artistes.

On dit que sur cinq mille huit cent vingt-et-un ouvrages présentés au jury, seize cents n'ont pas été admis, ce qui donnerait encore une copieuse exposition de quatre mille deux cent vingt-et-un objets.

Voici quelques-uns des ouvrages qui vont être offerts au public : Une *Assomption*, les *Océanides*, et plusieurs portraits, par M. Lehman ; les *Condamnés* de M. Charles Muller ; une scène du *Cantique des Cantiques*, par M. Ziegler ; le *Dernier repas des Girondins*, par M. Philippoteaux ; le *portrait du Président*, par M. Horace Vernet ; la *Lecture du testament de Louis XIV*, par M. Alaux ; les *Volontaires en* 1792, par M. Vinchon ; des *Arabes*, par M. Chasseriau ; *Massacre des Mameluks*, par M. Odier ; l'*Enterrement de village*, par M. Courbet ; *Rebecca*, par M. Decamps ; *Jane Shore* et le *Sénat de Venise*, par M. Robert Fleury ; a *Résurrection de Lazare* et le *Giaour*, par M. E. Delacroix ; les *Exilés de Ti-*

bère, par M. Barrias; des *Paysans romains*, par M. Hébert; le *Carnaval de Rome*, par M. Karl Muller; une *Bataille en Russie*, par M. Yvon. On verra en outre des tableaux et des portraits de MM. A. Hesse, Landelle, Picou, Amaury Duval, Court, Signol, Flandrin, Abel de Pujol, L. Boulanger, P. Franque, Hamon, Gérome, Galimard, Queck, Bigan, Bordier, Delaval, etc.

Dans le genre anecdotique ou familier, on trouvera des compositions de MM. Meissonier, Ch. Giraud, Jeanron, Roqueplan, Riesner, Diaz, Gosse, Jacquand, A. Giroux, Leleu, T. Johannot et de beaucoup d'autres.

Voici les noms des paysagistes connus qui ont exposé : MM. Justin Ouvrié, Benouville, Dagnau, Français, Joyaut, T. Rousseau, Cabat, Troyon, A. Viollet-le-Duc, Chevandier, Hervier, Palizzi, E. Isabey, Ch. Jeauge, Prieur, Corot, P. Huet, Fromentin, Aligny, Lapito, Léon Fleury, Desgoffe, Dutac, Grolig, Gudin, Hostein, etc.

On verra des pastels de M. E. Giraud, de Madame Munier, de Genève, de Mademoiselle Nina Bianchi; des dessins de MM. Couture, Vidal, Pollet et Bida; des peintures sur porcelaine de Madame Alfred Girbaud.

Le nombre des morceaux de sculpture est très-grand, dit-on, mais on ajoute que l'élite en est fort remarquable. En effet, on annonce le marbre de la charmante figure de M. Pollet; une *Atalante*, en marbre, de M. Pradier; *Héro*, en marbre, par M. Loison; l'*Érigone*, marbre de M. Jouffroy; deux bustes, la *Tragédie* et la *Comédie*, par M. Clesinger; un beau modèle représentant *Narcisse*, par M. A. Millet; et des ouvrages de MM. Lechesne, Préault, Étex, Toussaint, Demesmay, et la *Laïs*, de M. Meusnier.

Terminons ici cette nomenclature. Demain le livret nous donnera des chiffres précis; et quand nous saurons le nombre exact des exposants, chacun de nous pourra, dans le silence du cabinet, découvrir dans quel rapport les vingt artistes élus de chaque époque seront cette année avec le total des peintres, sculpteurs, graveurs et architectes dont les ouvrages ont été admis au Salon de 1850.

II.

PALAIS-ROYAL. — LE LIVRET DE 1850. — MM. COURBET ET HÉBERT.

7 janvier 1851.

Nous avons vu qu'à la première exposition qui eut lieu au Palais-Royal en 1673, des 50 exposants, le nombre de ceux dont les noms sont restés célèbres est le tiers ; qu'à l'exposition qui eut lieu au Louvre en 1810, les noms des artistes dont on a conservé le souvenir, portés à 21, donnent le vingt-quatrième du nombre total des 533 exposants de cette dite année.

Maintenant le livret de l'exposition de 1850 indique le total de 1,664 exposants, dont 1,306 peintres, 204 sculpteurs, 44 architectes, 78 graveurs, 32 lithographes, et accuse 3,952 objets d'art exposés, y compris ceux ajoutés dans le supplément.

En admettant, comme nous l'avons déjà fait pour 1810, que parmi les 1,664 exposants de 1850 il s'en trouve 21 prédestinés à être encore célèbres dans trente ou cinquante ans, il n'en résulterait pas moins que l'élite des exposants de cette année ne formerait que la quatre-vingtième partie du total des artistes dont les ouvrages viennent d'être admis au Palais-National.

Mais pour ménager les illusions des *progressistes*, et n'en déplaise à ce je ne sais quoi que l'on appelle postérité, nous élèverons le nombre des élus de 1850 à quarante-deux au lieu de vingt-et-un, en sorte qu'ils formeront la quarantième partie du total des exposants de cette année. Cependant, et malgré ces concessions, voici le rapport du nombre des gens restés ou qui resteront célèbres, avec celui des exposants :

En 1673, 50 exposants, 18 célébrités ;

En 1810, 333 exposants, 21 célébrités ;

En 1850, 1,664 exposants, 42 célébrités présumées.

Je laisse à chacun la faculté de modifier le nombre d'artistes distingués que j'applique aux années 1673, 1810 et 1850 ; mais j'appelle toute l'attention des hommes graves, politiques, philosophes et artistes, sur l'accroissement monstrueux de la médiocrité pendant l'espace de 167 ans; car, pour en finir avec les calculs, si aux 3,952 ouvrages admis cette année on ajoute les 1,600 morceaux refusés, on peut avancer hardiment que le nombre des aspirants à l'exposition s'élève jusqu'à 2,500.

Depuis quinze ans et plus, je n'ai pas manqué chaque année de signaler au public les inconvénients graves qui résultent des expositions annuelles. Si je ne m'abuse, l'histoire fort abrégée, mais rigoureusement exacte, de ces solennités devenues si fréquentes ouvrira enfin les yeux de tout le monde sur les résultats d'une institution belle et bonne en elle-même, mais dont l'abus qui en a été fait est, je ne crains pas de le dire, très-inquiétant pour l'avenir de l'art, pour celui des véritables artistes, et enfin pour les gouvernements quels qu'ils soient, qui, nouveaux Cadmus, sèment et font naître des peintres, des sculpteurs qui se dévoreront bientôt entre eux si l'État ne les nourrit pas. Il est évident pour tout homme au courant de ce qui se passe, que la quantité d'artistes et le nombre des ouvrages qu'ils produisent depuis vingt ans dépassent d'une manière exorbitante l'espèce de besoin qui peut se faire sentir en France de décorer les églises, les édifices publics et les habitations particulières. Il n'y a personne, à la suite d'une exposition, qui ne se demande ce que deviennent les douze ou quinze cents tableaux qu'on y a vus, et avec d'autant plus de raison, que, indépendamment de ce que les palais, les châteaux et les hôtels deviennent fort rares, les appartements de Lilliputiens qu'on nous fait aujourd'hui ne se prêtent nullement à recevoir ce genre de décoration.

Presque tout ce qui se fait en peinture et en sculpture retombe donc à la charge des gouvernements qui, ayant provoqué la germination excessive d'une foule d'artistes, sont obligés de payer les fantaisies des peintres à qui il convient par exemple de faire des tableaux souvent énormes, sans qu'ils aient été commandés, et parfois sans qu'il soit possible de trouver pour ces ouvrages, outre une surface égale à celle de la toile, un édifice où le sujet ne devienne pas un contresens.

Les expositions, avec les graves inconvénients que leur fréquence entraîne, sont donc arrivées à un point fatal qu'il fallait signaler, et c'est dans cette intention que j'ai tracé rapidement la marche de ces solennités. D'autres sujets non moins importants, tels que le nouveau mode de formation du jury chargé d'admettre ou de rejeter les ouvrages présentés; puis le système de récompenses et d'encouragements établi par le règlement de l'exposition publique, émané du ministère de l'intérieur, doivent être aussi l'objet de notre examen. Mais nous nous en occuperons plus tard, et lorsque l'expérience de ces nouveautés aura fourni au public, ainsi qu'à nous, les moyens d'en parler avec connaissance de cause.

Occupons-nous aujourd'hui de l'exposition. La disposition intérieure du nouveau bâtiment élevé pour l'exposition a réuni les suffrages de tout le monde. Là, on circule avec facilité dans les galeries qui entourent le grand salon central; partout la lumière éclaire également les tableaux et les statues; et le mélange des marbres avec la peinture est, au moins pour la décoration intérieure du nouvel édifice, d'un effet très-agréable.

L'impossibilité de placer et de suspendre pour le 31 décembre le surplus des objets d'art dans les salles du premier étage du palais a été cause du retard de l'ouverture complète de l'exposition de 1850, qui n'a eu lieu que le 3 janvier 1851.

Lorsqu'on a monté le grand escalier à double rampe, arrivé au péristyle supérieur, on n'a pas moins de trente-quatre pièces et galeries à parcourir pour prendre une idée sommaire de toutes les œuvres peintes et sculptées qui s'y trouvent. Pour que l'on puisse se reconnaître et se guider dans cet immense labyrinthe, on a senti la nécessité de mettre un fil à la main du curieux ; aussi a-t-on eu soin d'ajouter au livret les plans du rez-de-chaussée et du premier étage du palais, et d'en numéroter chaque pièce.

Dans cette seconde partie de l'exposition, il y a immensément de choses faibles qui entourent et noient des ouvrages de mérite que nous saurons bien retrouver quand il le faudra. Mais il est impossible de ne pas reconnaître que cet amas d'ouvrages, tel qu'il se présente dans le nouveau bâtiment et dans le reste du palais, est tout à fait hors de proportion avec l'appétit, le besoin et le goût que peuvent faire naître les arts en France; que cet immense festin, auquel ne doivent prendre réellement part qu'un nombre restreint de convives, semble préparé pour assouvir la gloutonnerie d'un million d'affamés, et qu'enfin d'une solennité, d'une fête qui ne devrait donner que des plaisirs calmes et épurés à ceux qui y assistent, on fait une foire bruyante, d'où les criailleries de la foule éloignent les gens d'un goût délicat.

En somme, le nombre des objets exposés au rez-de-chaussée est la critique la plus saisissante que l'on puisse faire des expositions trop nombreuses. Dans le nouveau bâtiment, on peut juger, au premier coup d'œil, qu'en cinq ou six visites un amateur éclairé prendra une idée juste de l'ensemble des travaux de nos artistes, et pourra faire, à part lui, un choix de productions qu'il viendra revoir pour son plaisir; mais lorsque l'on sait qu'après avoir vu le rez-de-chaussée il faut encore parcourir trente-quatre pièces ou galeries couvertes de peintures, le découragement vous prend; et quant à moi, il ne faut rien moins que les devoirs que j'ai à remplir pour me livrer à l'examen si long et si difficile de tant de productions dont le plus grand nombre est au moins insignifiant.

Quoi qu'il en soit, commençons. Après un examen très-attentif, bien que rapide, de ce que contient le Palais-Royal, voici quel est le résultat de mes impressions : j'ai cru reconnaître, 1° que le niveau poétique de l'art, qui baisse graduellement depuis une vingtaine d'années, est tombé encore plus bas depuis 1849; 2° que tout ce qu'il y a de jeunes artistes doués de quelque énergie et de talent est entraîné à représenter des sujets réels, vulgaires même, en s'appuyant sur les modes d'imitation et d'exécution légués par les maîtres de second et de troisième ordre; 3° et enfin que la peinture de fantaisie, grimacière, burlesque et théâtrale, tend à remplacer le genre anecdotique qui eut tant de vogue il y a quelques années.

Ces observations générales sur les compositions des peintres de figures sont également applicables à celles des paysagistes.

Malgré les velléités de quelques statuaires qui s'efforcent de faire de la peinture en terre, en marbre ou en bronze, la sculpture, à en juger par les meilleurs morceaux qui figurent à l'exposition, se maintient dans la bonne voie, par cela seul qu'elle se renferme sagement dans les limites que sa nature lui impose, et qu'elle ne regarde l'imitation que comme le moyen d'arriver à son but, qui est l'expression du beau.

Je citerai donc avant tout comme des œuvres d'art qui font honneur à notre école : *une heure de la nuit*, statue en marbre de M. Pollet; *le Narcisse*, de M. A. Millet; *le Faune dansant*, marbre par M. Lequesne; *Héro* portant son flambeau, marbre par M. Loison; un autre marbre de M. Jouffroy, représentant *Érigone*; *l'Atalante*, de M. Pradier; *la Piété*, de M. Clesinger; *le Centaure et le Lapithe*, groupe de M. A.-L. Barye, sans préjudice d'autres compositions du même genre que je pourrai découvrir.

Je signale en premier lieu ces ouvrages, sur

lesquels je compte revenir, parce que la sculpture est infiniment supérieure cette année à la peinture, et surtout parce que la sculpture ne se laisse pas aller, comme sa sœur, au charme grossier d'une imitation vulgaire et à la représentation calculée du commun, du laid et parfois de l'ignoble.

Mais il faut savoir d'autant plus de gré aux peintres qui, se retenant avec force sur la pente qui entraîne leurs confrères, cherchent à se maintenir dans les hautes régions de l'art. Je citerai donc avec plaisir M. Ziegler, qui n'a pas craint d'aborder un sujet de la plus haute poésie biblique, l'Entretien des Pasteurs ou de l'*Époux* et de l'*Epouse* du Cantique des Cantiques ; M. Lehmann, auteur des *Océanides* près du roc de Prométhée, et d'une *Assomption* ; M. Laemelein, à qui son ardeur juvénile a fait entreprendre une vaste composition où il a peint, d'après la vision de Jérémie, *les quatre vents du ciel* sortant après s'être tenus devant le maître de toute la terre ; M. Gendron, qui dans une frise élégante nous a peint une guirlande de génies féminins volant à travers les cieux ; M. Brémond, non moins heureux dans la composition de frises destinées à orner la chapelle de La Villette. Je nommerai encore M. Decamps, auteur d'une *Rebecca ;* puis MM. Landelle, Hamon, Gérome et quelques autres, dont les ouvrages sentent la poésie, et ont le grand mérite à mes yeux de nous distraire de la réalité pour nous transporter dans le domaine de l'imagination.

Avec sa sagacité et sa profondeur ordinaires, Aristote a fait en deux lignes l'histoire des arts et signalé les modes que les artistes, selon le temps où ils vivent, adoptent successivement. « Polygnote, dit ce philosophe dans sa Poétique, peignait les hommes meilleurs qu'ils ne sont, Pauson pires, et Denys les représentait tels qu'ils sont. » C'est-à-dire que Polygnote ne peignait que les héros et les dieux; que les scènes vulgaires, ridicules, basses, que la caricature enfin était le partage de Pauson, et que Denys s'en tenait à la réalité, ne voulant pas s'élever jusqu'à l'idéal ni descendre jusqu'à la caricature.

De nos jours les descendants de Polygnote sont rares, mais nous sommes riches en peintres qui, comme Pauson, se plaisent, tant par le choix des sujets que par celui des formes, à montrer l'homme sous ses aspects laids, grotesques et repoussants. Jamais peut-être le culte de la laideur n'a été excercé avec plus de franchise que cette fois par M. Courbet, dans son tableau d'*un En-*

terrement de campagne (à Ornus). La moitié de la composition est occupée, à gauche, par une bierre portée par quatre hommes autour desquels se trouvent le clergé, le curé de la paroisse priant devant la fosse ouverte, et deux bedeaux dans leur costume. De l'autre côté de la fosse, qui occupe le milieu du tableau, sont les parents, les parentes et les amis de la personne décédée. A l'exception des deux bedeaux vêtus de rouge, et d'un paysan placé sur le devant, tous les autres personnages sont couverts de noir sur lequel se détachent des bouts de manches et des mouchoirs blancs. Au-dessus de cette suite de figures, on aperçoit un terrain sec et désolé; et le seul d'entre tous les assistants qui rompe l'uniformité de la position des autres, est le fossoyeur, qui, un genou en terre, paraît attendre, avec l'impassibilité qui résulte de sa profession, que le prêtre ait accompli son devoir pour faire le sien.

Dans cette scène, qui pourrait passer pour le résultat d'une impression de daguerréotype mal venue, il y a le naturel brut que l'on obtient toujours en prenant la nature sur le fait, et en la reproduisant telle qu'on l'a saisie. Quant à de l'art, non-seulement il n'y en a pas ombre dans cette composition, mais il est évident que l'auteur s'est très-volontairement gardé d'en mettre, et qu'il a même affecté une ignorance et une simplicité qu'il est loin d'avoir. C'est un parti pris, je dirais presque une gageure de l'auteur avec lui-même, de se transformer, comme je le disais, en daguerréotype et de faire abnégation de son intelligence pour replaquer sur la toile ce qui lui a sauté aux yeux. Mais en 1850 on ne peut plus être dupe de ces petites supercheries : chacun sait bien que depuis vingt-cinq ans déjà l'ignorance complète d'une science ou d'un art est devenue chose impossible pour nous tous qui vivons dans une atmosphère encyclopédique dont la haute température est sans cesse entretenue par les cours, les livres, les manuels, les musées, les gravures, qui parlent de tout à tous. Comment croire que M. Courbet aurait pu, lui seul, échapper à ce chaos scientifique au milieu duquel nous vivons, surtout si, après avoir accoutumé son œil à l'aspect repoussant de son tableau d'*enterrement*, on découvre dans certains détails de cette toile des parties très-bien peintes et jusqu'à des figures entières qui décèlent une habileté peu commune? Parmi les personnages qui assistent à cet enterrement, il y a quelques femmes, mais celle en particulier dont le visage est presque entièrement caché par son mouchoir, qui non-seulement est remarquable par son expression vraie et touchante, mais qui est traitée dans un style large et élevé. Comment l'artiste qui a fait cette figure a-t-il pu se résoudre à peindre deux ignobles caricatures telles que celles des bedeaux, qui inspirent du dégoût et provoquent le rire, au milieu d'une cérémonie funèbre, à moins, je le répète, que ce ne soit de parti pris, et pour braver de gaîté de cœur les convenances de l'art et toutes les règles du bon sens? Non, malgré les grossiers défauts qui déparent le grand tableau de M. Courbet, cet ouvrage renferme des qualités trop solides, et certaines parties sont trop bien peintes, pour que l'on croie à la *sauvagerie* et à l'ignorance affectées de cet artiste. J'en appelle à ce sujet à tous ceux qui ont vu une tête peinte par lui et exposée dans la galerie du couchant, au rez-de-chaussée. Cette tête d'un homme tenant une pipe à sa bouche est le portrait de l'auteur. Outre la physionomie de l'artiste, qui ne correspond nullement à l'excentricité du tableau de l'*Enterrement à Ornus,* cette peinture est traitée avec un rare talent, et de manière à ne laisser aucun doute sur l'étude que l'auteur a dû faire des Carraches et surtout des peintres de l'école espagnole. On y remarque, outre une suavité et une largeur de pinceau tout à fait remarquables, et l'entente des demi-teintes qui ne l'est pas moins, on y remarque une finesse dans l'imitation des formes et de l'expression qui démontrent qu'en fin de compte M. Courbet est bien plus près d'être savant que simple et naïf. Sans m'arrêter à deux autres tableaux de ce peintre, *les Casseurs de pierres* et *le Retour du marché*, qui me paraissent insignifiants, je dirai donc à M. Courbet que la tête de son fumeur, est, je le crois au moins, le morceau le mieux peint de l'exposition de 1850; que son *Enterrement*, malgré des qualités incontestables dans quelques détails, est un très-mauvais tableau; et qu'en somme il fera bien de se tenir en garde contre les éloges exagérés que ses amis et ses admirateurs, car il en a, pourraient lui prodiguer.

J'ai choisi pour entrer en matière *l'Enterrement* peint par M. Courbet, parce que le mérite de cette étrange production donnera plus de force aux critiques sévères que méritent les artistes dits *naturalistes;* ceux qui, regardant l'imitation comme le but final de l'art, prétendent que tout, jusqu'au laid et à l'ignoble, peut et doit être représenté, sous la condition seulement que l'imitation sera fidèle : erreur la plus grossière qui puisse détraquer le cerveau d'un artiste; erreur que l'étude de l'antiquité et des grands maîtres modernes avait fait disparaître, et que l'engouement pour l'école espagnole a rendue plus vivace que jamais.

Je ne suis pas encore assez au courant de tous les ouvrages que renferme le Palais-Royal pour affirmer que le tableau de M. Hébert est, dans son mode, le meilleur; et je regarderais comme une bonne fortune pour le public s'il s'en rencontrait un qui lui fût préférable; mais je puis répondre dès aujourd'hui que ce tableau est digne de toute l'attention des vrais amateurs des arts.

Sur les eaux limoneuses du canal qui traverse les marais Pontins, on voit glisser une barque plate dans laquelle est une famille de paysans qui vont gagner les montagnes pour se soustraire à l'influence de la *malaria,* espèce de peste qui sévit fréquemment dans cette contrée. Parmi ceux qui se trouvent sur le bateau est une jeune femme enveloppée de sa mantille, et dont la maigreur et le teint fiévreux n'ont cependant pas encore détruit toute la beauté. Sur l'avant de l'embarcation se tient debout un jeune paysan armé d'une longue perche, paraissant profondément attentif à éviter les obstacles qui pourraient s'opposer à la retraite de sa famille. Le canal est encaissé par une berge assez haute qui ne laisse voir que peu du ciel, et à fleur de l'eau rasent des oiseaux rapides comme la flèche.

Ce charmant tableau, d'un mètre et demi de large à peu près, est plein de poésie. L'exécution en est excellente, le coloris vrai et parfaitement approprié au sujet ; et quoique l'auteur, M. Hébert, soit pensionnaire de Rome, rien dans son ouvrage ne trahit des habitudes banales d'école. Son sujet résulte d'une impression vive qu'il a reçue de la nature, mais qu'il a su rendre avec assez d'art pour que l'on croye qu'il n'y en a pas. Or, c'est là le grand secret pour être vraiment peintre.

III.

PEINTURE.

MM. CHARLES MULLER, A. DEBAY, PHILIPPOTEAUX, VINCHON, CH. LANGLOIS.

21 janvier 1851.

Si une autorité supérieure et consentie pouvait choisir ce qu'il y a de bon dispersé dans les nombreuses salles du Palais-Royal, on en formerait certainement une exposition remarquable. Elle aurait toujours sans doute le défaut que j'ai signalé, celui d'abonder en sujets trop communs et rendus encore plus prosaïques par le mode d'exécution *lâchée* que préfèrent et recherchent les jeunes artistes qui apparaissent dans la carrière; mais on y trouverait un certain *ragoût de peinceau*, comme on disait il y a quatre-vingts ans, qui est revenu tout à fait à la mode de nos jours.

En France, ainsi qu'il en est chez les nations portées à abuser de la civilisation, nous sommes bien plus propres à perfectionner, à modifier, qu'à inventer : et en vertu de ce principe que j'applique en ce moment à la culture des arts, on peut s'assurer que quand l'impulsion, que nous recevons ordinairement du dehors, entraîne les peintres de notre pays, comme cela est arrivé sous François Ier, à s'occuper particulièrement de la forme et, par suite, du dessin, nous devenons dessinateurs; que si les ouvrages de la statuaire nous sont offerts pour modèles, comme il en advint vers 1754, par les travaux scientifiques de Heyne et de Winkelmann, les peintres eux-mêmes composent des espèces de bas-reliefs, s'appliquent exclusivement à rendre la forme et négligent le coloris; et qu'enfin, quand vient le moment où la médiocrité est lasse de lutter pour faire une application telle quelle des principes sévères et immuables des grandes écoles, elle s'en affranchit, les rejette et va chercher dans les écoles secondaires des lois moins gênantes, sous lesquelles les talents faibles et douteux puissent végéter paisiblement. C'est alors que cette médiocrité, libre de toute entrave, lève la tête, pullule, et se multiplie au point qu'elle rejette avec dédain ce qui a été reconnu pour vrai depuis vingt siècles, refait des règles à sa convenance, et à des vérités incontestables substitue les sophismes les plus extravagants. C'est ainsi qu'il y a une vingtaine d'années, le *romantisme* a fait triompher le laid dans les arts, et qu'aujourd'hui sa progéniture, le *naturalisme*, enchérissant encore sur cette idée bizarre, non-seulement néglige volontairement les formes, mais cherche à réduire tout l'intérêt et l'essence de l'art de la peinture au coloris.

C'est donc la mode qui règle tout. Sous François Ier, la peinture en France avait un faux air florentin; sous Louis XIII et Louis XIV, elle procédait de l'école des Carraches; en 1810, elle fleurit sous l'influence de la statuaire antique; en 1823, elle adopta le goût anglais, et depuis 1836 à peu près, elle est à la remorque de l'école espagnole. Si bien qu'en mettant à part Jean Goujon, Lesueur, N. Poussin, L. David, Prud'hon et Léopold Robert, pour ne nommer que des morts incontestablement illustres, la masse des peintres qui ont travaillé en même temps que ces grands artistes ont étudié soit le dessin, la composition, la statuaire antique ou le coloris, sans qu'aucune vocation irrésistible les y entraînât, mais seulement parce que tel ou tel goût était à la mode à ces différentes époques.

De tous les artistes remarquables qui ont exposé cette année, M. Charles Muller est peut-être celui qui représente le plus vivement et de la manière la plus honorable le peintre français avec son esprit et ses goûts flexibles. Si cet artiste spirituel fût entré dans la carrière en 1808 ou 1810, nul doute qu'il n'eût peint, et avec talent, des Agamemnons et des empereurs à Marengo ou à Vienne. Mais n'étant sorti des écoles qu'à l'époque où M. E. Delacroix était déjà en réputation, il imita cet artiste et fit des diableries passablement bizarres. Plus tard, il modifia sa manière, et séduit tour à tour par le *far-niente* de M. Winterhalter et les diamant-peintures de M. Diaz, il exposa des tableaux peu naturels, mais où régnait une folie de composition et un éclat de couleur qui fixèrent l'attention du public. Enfin, soit que les années aient mûri les idées de cet artiste, ou qu'un séjour à Rome lui ait fait reconnaître que la peinture est un art plus sérieux qu'il ne l'avait cru d'abord, M. Ch. Muller a peint sa *Macbeth*, qui lui a valu l'année dernière une distinction méritée, et cette fois il a exposé l'*Appel des dernières victimes de la Terreur* à la prison de Saint-Lazare, du 7 au 9 thermidor 1794, le tableau qui aujourd'hui attire le plus l'attention publique au Palais-Royal, tant par son mérite que par son énorme dimension, car il a trente pieds de large.

Comme je l'ai dit plusieurs fois, je ne prétends pas que la règle de ne mettre que trois personnages en scène, comme la donne Horace : « *Nec quarta loqui persona laboret,* » doive être suivie rigoureusement ; cependant la foule, en peinture comme sur la scène, est un défaut qui tend à détruire l'unité du sujet ; et malgré le mérite excellent des drames de Shakspeare, les plus grands admirateurs de ce poëte conviennent que la multiplicité de ses personnages nuit à l'unité de ses pièces. Ce qui est vrai pour l'art dramatique l'est bien plus encore pour celui de la peinture ; et en effet les tableaux de Léonard de Vinci et de Raphaël, où ces artistes ont concentré toute la force et la délicatesse de leur talent, ne renferment guère plus de cinq ou six figures.

Au fond, et comme l'a parfaitement senti M. Ch. Muller lui-même, l'âme de son sujet, son sujet véritable est André Chénier, ce poëte tellement possédé de son art, qu'il oublie son arrêt de mort, reste sourd à la voix de l'huissier qui l'appelle, et continue de composer des vers, tandis que ses compagnons d'infortune n'ont qu'une idée qui éteint toutes les autres, celle de la mort qui les menace.

Je n'ai pas pour habitude de refaire les tableaux des artistes, car au contraire j'accepte humblement leur point de départ pour m'identifier à leur idée principale. Cependant, en cette occasion, ne serait-il pas permis de penser que si, au lieu d'avoir éparpillé sur une toile de trente pieds soixante personnages, l'auteur de ce tableau se fût borné, en rejetant cette foule dans les arrière-plans, à ne présenter au spectateur que la figure d'André Chénier, dont la position, les sentiments et le mépris de la mort résument si énergiquement ce que peuvent éprouver ceux qui l'entourent, la composition n'aurait pas plus d'unité et ne produirait pas plus d'effet? Les rigoristes, je le crains au moins, seront en droit de reprocher à M. Ch. Muller d'avoir traité son sujet plutôt en peintre de genre qu'en peintre d'histoire.

Telle est la grosse critique que l'on peut faire sur le grand tableau de M. Ch. Muller. Quant au mérite pittoresque de cet ouvrage, il est incontesté. Cette scène affreuse est bien présentée, les groupes sont distribués avec art, et toutes les nuances du courage, de la douleur et de la résignation sont parfaitement exprimées par le mouvement et sur le visage des hommes et des femmes qui attendent leur sort de la bouche d'un insolent huissier, près duquel est assis un hideux *sans-culotte*, qui allume sa pipe en regardant froidement la contenance de ceux qui sont déjà destinés à mourir. Cependant la vérité et la puissance du coloris constituent le mérite principal de cet ouvrage.

Puisque je suis obligé de m'arrêter sur de pareils sujets, et de reporter mes souvenirs à ces temps affreux, car j'avais treize ans à cette époque, j'indiquerai encore un tableau plus terrible que celui de M. Ch. Muller; il est de M. A. Debay, et n'est désigné dans le livret que par ces mots : *Épisode de* 1793, *à Nantes.* Originairement cette toile, plus large, laissait voir sur la gauche l'ensemble de l'instrument du supplice;

aujourd'hui on n'aperçoit plus que les marches qui conduisent sur l'échafaud, au bas duquel sont les victimes qui attendent leur tour pour mourir : c'est là que se trouve le sujet du tableau. Non loin d'un vieillard dont on lie les mains, on voit une mère et ses trois filles qui paraissent attendre le même sort. La résignation religieuse mêlée à l'espèce d'étourdissement causé à cette dame et à ses filles par l'idée du peu d'instants qui leur restent à vivre a été rendue d'une manière très-poétique par M. Debay. La sérénité de la mère qui se communique à ses enfants dans ce moment terrible et suprême, touche le cœur en élevant l'esprit, et corrige, autant qu'il est possible, ce que cet épouvantable massacre présente de révoltant.

Mais bien que les deux artistes dont nous venons de nous occuper aient traité ces épisodes du plus déplorable temps de notre histoire dans de louables intentions, je leur conseille, ainsi qu'à leurs jeunes confrères, de renoncer à de pareils sujets, qui réveillent de douloureux souvenirs, risquent d'entretenir des haines, et sont absolument inutiles comme avertissements. Que l'on se souvienne qu'après 1830 on eut l'idée de faire peindre et graver la scène où Boissy-d'Anglas resta calme devant les violences populaires et la tête de son collègue Féraud; que l'on décida même que ce tableau ornerait les murs de la Chambre des députés; que le tableau fut exécuté et la gravure exposée et vendue publiquement, mais que néanmoins deux fois la représentation nationale a été violée en 1848. La vérité est que les tableaux et les gravures de ce genre, au lieu d'arrêter les mauvaises passions, deviennent au contraire des renseignements précieux pour les fous ou les méchants qui désirent savoir comment il faut s'y prendre pour mal faire.

Et puis, je crois devoir avouer aux jeunes artistes que je frémis quand je les vois prendre part, même en peinture, à la politique et aux révolutions. Qu'ils me permettent de leur raconter la fin sinistre d'un de ces peintres imprudents. Elle eut lieu précisément en 1794, quatre ou cinq jours après celui où s'est passée la scène peinte par M. Ch. Muller, et vingt-quatre heures après l'exécution de Robespierre.

Celui qui m'enseigna les premiers éléments du dessin, Godefroy, frère de feu mademoiselle Godefroy, artiste distinguée, était élève de David, mais fort éloigné de partager les opinions politiques de son maître. Parmi ses anciens camarades d'atelier était un certain J.-J. Lubin, pour lequel Godefroy avait conservé une affection très-vive, bien que son ami eût donné à corps perdu dans les idées ultrà-révolutionnaires. Après avoir rempli quelques fonctions subalternes, Lubin parvint à être membre de la Commune de Paris, et même substitut de l'Agent national. Je le vois encore sur la fatale charrette, ce pauvre garçon ! C'était un homme d'une faible santé, le crâne étroit, le nez légèrement aquilin, le menton en retraite, et portant encore, sur sa physionomie altérée par l'appréhension de la mort, quelque chose de spirituel et de foncièrement bon.

Depuis que Lubin avait pris une part active aux actes du gouvernement de cette époque, Godefroy avait cessé de le voir. Mais lié par ces saintes amitiés de jeunesse que rien ne peut détruire entièrement, il ne pouvait se tenir d'en parler, et j'avais souvent ses confidences à ce sujet. « Ce pauvre Lubin, me disait-il souvent pendant la leçon de dessin, c'était un si brave garçon avant tout cela !... C'est la faiblesse, la vanité qui l'ont conduit là où il est !... Vous verrez qu'il se fera couper le cou ! »

Cependant le dénoûment du 9 thermidor approchait. Bientôt Robespierre porta sa tête sur l'échafaud, et le lendemain, soixante-et-onze membres de la Commune de Paris, mis hors la loi, furent exécutés le soir même.

Dans la journée, Godefroy vint chez mon père, où il était reçu comme un fils, et nous apprit cette condamnation. « Je l'avais bien prévu, me dit-il quand nous fûmes seuls, qu'il perdrait la tête à ce vilain jeu... Ce pauvre garçon !... Il n'y a eu ni procès ni sentence. On a trouvé sa signature sur la feuille de présence à la Commune, et tout a été dit : *hors la loi !* C'est lui et ses amis qui ont trouvé cette justice, et on la leur applique... Ce pauvre Lubin !... Je veux le voir encore une fois... J'irai le voir passer... Vous viendrez avec moi, n'est-ce pas ?... Vous verrez comme il a une figure douce et bonne... » Et les yeux de Godefroy s'humectèrent.

Vers trois heures du soir, lui et moi nous débouchâmes par la porte des Jacobins dans la rue Saint-Honoré, là où est aujourd'hui celle qui mène au marché. Après quelques instants d'attente, une rumeur générale causée par ces mots : *les voilà ! les voilà !* partis de la foule des piétons et des curieux pendus aux fenêtres, nous annonça le passage très-prochain du cortége funèbre. Les soixante-et-onze condamnés occupaient, autant que je puis m'en souvenir, neuf ou dix charrettes marchant à très-petits pas pour fendre la foule des curieux, que la largeur du cortége repoussait le long des murs. Derrière les charrettes marchaient, en hurlant des injures, les mêmes hommes et les mêmes horribles femmes qui, cinq jours auparavant, avaient accompagné de leurs vociférations André Chénier et ses compagnons d'infortune. Quant aux soixante-et-onze condamnés, la plupart d'entre eux étaient devenus comme ivres par les cris sauvages que la multitude poussait autour d'eux, et le pauvre Lubin, entre autres, que Godefroy me désigna, presque privé de ses sens, regardant fixément sans voir, serait infailliblement tombé de la charrette, à l'extrémité de laquelle il était placé, si ses mains attachées aux ridelles ne l'y eussent fortement fixé.

Godefroy, qui était comme un frère aîné pour moi, me tenait soigneusement par la main, et nous suivîmes machinalement ainsi le cortége jusqu'à quelque distance du ministère de la marine, dans la rue Royale. A partir de cet endroit la foule était tellement épaisse, que nous fûmes forcés de nous arrêter. Mon guide me fit asseoir sur le pas d'une porte, en me disant : « Soyez tranquille, vous ne verrez rien. » Pendant quelque temps il régna un morne silence, jusqu'à ce qu'un affreux *ah!* prolongé, s'élevant de la place, nous avertit que le premier patient était en vue sur l'échafaud. En effet, l'horrible boucherie ne tarda pas à commencer, et pendant plus d'une heure et demie le bruit sourd et lointain du couteau, accompagné chaque fois d'un hurrah sinistre, retentit soixante-et-onze fois. Au cinquante-neuvième coup, Godefroy, qui avait fait ses calculs d'après l'ordre d'appel des condamnés, me fit lever en me disant : « Le pauvre Lubin ne souffre plus, allons-nous-en. »

C'est déjà beaucoup d'écrire de semblables scènes, mais c'est trop de les peindre; et je crois qu'il est aussi sage aux gouvernements de ne pas commander de pareils tableaux qu'aux artistes de s'abstenir d'en faire.

Pour nous éloigner peu à peu de ces scènes sanglantes, la composition du *Dernier banquet des Girondins* me servira de transition. Je regrette doublement que M. Philippoteaux, auteur de cet ouvrage, ne l'ait pas exécuté dans une plus petite dimension. Selon moi, les costumes modernes de ville, et en particulier ceux qui étaient à la mode en 1792 et 1793, se refusent aux convenances de la peinture en grand. L'étrangeté et la coupe étriquée de ces vêtements s'accordent très-mal avec la gravité historique, et j'avoue que, malgré la sagesse et la dignité de la composition de M. Philippoteaux, ces dispositions perdent tant soit peu de leur puissance à la vue des *catogans*, des bottes à revers et des fracs de couleur dont sont affublés ces malheureux Girondins. Ces inconvénients très-graves diminueraient d'autant plus sensiblement si les dimensions du tableau étaient plus restreintes, que, comme chacun sait, M. Philippoteaux traite en petit les sujets contemporains avec une supériorité incontestable. Et puis, les Girondins, les Girondins! Franchement tout le monde en a assez.

Mais quittons ces tristes souvenirs de nos discordes civiles, et tournons nos regards vers un tableau qui constate et célèbre au moins un des beaux mouvements qui honorent les commencements de la révolution française, les *Enrôlements volontaires en* 1792.

Ce tableau, qui est de M. Vinchon, serait indiqué d'une manière plus juste, si on eût mis au livret: *Départ des enrôlés volontaires*. Dans une très-jolie composition, l'un des ornements des galeries historiques de Versailles, M. Coignet a déjà traité ce sujet; et obéissant à une convenance que j'approuve, cet habile artiste a réduit la grandeur des personnages à la dimension d'un pied environ. La scène se passe entre le terre-plein de la statue d'Henri IV et l'entrée de la place Dauphine, où en effet les jeunes gens qui voulaient *partir pour les frontières*, selon l'expression du temps, allaient se faire inscrire et s'enrôler. M. Vinchon s'est proposé, dans sa grande composition exposée en ce moment, de donner à cette scène un caractère plus grave, en la rattachant d'une manière plus intime et plus éclatante à ce grand élan de la France entière en 1792, pendant lequel les partis, déjà divisés d'opinions sur les grandes questions politiques, firent taire un instant leurs passions, pour ne s'occuper que du salut du pays, menacé d'être envahi par les puissances étrangères.

Le peintre, partant de cette idée, a donc représenté sous une tente élevée devant l'Hôtel-de-Ville de Paris, les commissaires qui ont déjà inscrit les enrôlés; puis devant et près de cette tente, la plupart des hommes influents à cette époque ou qui sont devenus si tristement célèbres pendant les deux années suivantes. On remarque entre autres Pétion, maire de Paris, avec cette expression de vanité qui lui était habituelle; Danton, dont le peintre n'a pas assez caractérisé le regard cynique et audacieux ; Dumouriez, que sa disposition à l'intrigue a peut-être empêché d'être un grand homme : l'éloquent Vergniaud, le froid Saint-Just ; puis Robespierre, avec son air indécis et chafouin ; l'ignoble Marat, entouré de gens débraillés et vociférant comme lui, et enfin André Chénier, qui arrive toujours comme une Providence dans les tableaux de ce genre, pour donner quelque soulagement à l'esprit des spectateurs.

Toutefois l'ensemble de ces personnages ne forme que l'entourage du groupe principal qui anime et écrit nettement le sujet. Du milieu de ces hommes, dont j'ai déjà nommé quelques-uns, s'avance avec joie et ardeur la tête d'une colonne de jeunes volontaires armés et équipés en guerre, conduits par un officier aussi jeune qu'eux et levant avec enthousiasme le drapeau tricolore. A l'air radieux et déterminé de la troupe et de celui qui la commande, Gouvion de Saint-Cyr, on devine qu'il y a là une pépinière de soldats, d'officiers, de généraux et de maréchaux qui défendront la France contre les ennemis du dehors, et rachèteront de leur sang glorieux celui qui fut lâchement versé au sein de leur patrie.

Cette composition, belle et bien expressive, fait

honneur au talent de M. Vinchon, et me paraît être une des mieux conçues de celles que l'on voit à l'exposition. L'exécution en est recommandable et elle ressortirait bien davantage si l'auteur, faisant quelques retouches à son tableau, donnait plus d'éclat à son coloris et de solidité à ses ombres. Il est vrai que la plupart des tableaux qui entourent le sien dans le grand salon se sentent tellement du ragoût si épicé de l'école espagnole, que cette comparaison lui nuit. Mais sans se laisser aller aux exagérations de la peinture à la mode en ce moment, M. Vinchon fera bien de remonter tant soit peu son tableau de ton.

Bien loin du nouveau bâtiment, et lorsqu'on a traversé les trente-quatre pièces d'exposition, on arrive enfin à l'escalier neuf par lequel on sort. Du palier supérieur de cet escalier, on aperçoit un grand tableau de bataille : c'est le *Passage de la Linth en* 1799 par la division Soult. Cet ouvrage est de M. Ch. Langlois.

J'exprimerai encore ici le regret de voir étendu sur une toile immense un sujet intéressant pour l'histoire, favorable à la peinture, très-bien composé, qui gagnerait infiniment s'il eût été traité dans des dimensions plus petites. J'ignore les détails de ce combat, mais le sujet s'explique de lui-même. Ce sont des soldats français, dont quelques-uns, s'étant dépouillés de leurs habits et ayant passé la Linth à la nage, sortent de l'eau, attaquent et repoussent les Autrichiens. Cet emploi forcé du nu a fourni à M. Ch. Langlois l'occasion de développer des figures dont les mouvements sont beaux et dont la nudité opposée à l'équipement des soldats autrichiens forme un contraste pittoresque dont l'auteur a su profiter habilement. Le coloris de cet ouvrage manque, je dois le dire, d'éclat; il y a un peu de mollesse dans l'exécution; mais peut-être que ce tableau, dont l'harmonie générale est assez vigoureuse, perd à être exposé sur un mur blanc dont l'opposition lui est défavorable.

Outre les trente-quatre salles déjà connues, on parle de quelques autres dans lesquelles il reste à placer quatre ou cinq cents tableaux que le public n'a pas encore pu voir. Le nombre immense des objets reçus, joint aux divisions et subdivisions des lieux où ils se trouvent distribués, rend l'examen de l'exposition extrêmement difficile à faire; et je pense que l'on m'excusera, puisque l'ouverture du Palais-Royal s'est faite en trois fois, si je suis encore en retard sur l'énumération sommaire des morceaux les plus remarquables en différents genres. J'avouerai en outre que l'état critique, et, selon moi, inquiétant de la peinture aujourd'hui, me fait regarder comme un devoir de m'occuper particulièrement de l'art en général plutôt que des ouvrages des artistes en particulier.

Voici cependant quelques morceaux que j'ai remarqués, mais sans pouvoir indiquer précisément la place qu'ils occupent : une *Fuite en Égypte* de M. Jeanron, fort bon ouvrage ; de charmants *Paysages* de M. Lambinet ; le portrait fort gracieux d'une *jeune Dame* en rose, par M. E. Dubufe ; celui d'*une Dame*, très-énergiquement peint et dessiné par M. Amaury-Duval ; l'*Envoyé du Népaul*, très-bon ouvrage de M. C. Jacquand ; la *Vieillesse de saint Augustin* de M. Timbal, et les *Vierges folles et sages*, par M. Schutzenberger, deux ouvrages de mérite dont je me réserve de parler ; puis des paysages dignes de l'attention des amateurs, de MM. Wild, Jules André, Dagnan, Thuilier, Flers et Mayer, et les *Exilés de Tibère*, bon tableau de M. Barrias.

En sculpture, mon attention a été attirée par une vaste et *belle cheminée*, ornée de bas-reliefs et habilement sculptée par M. Ottin, puis par une statue en marbre, d'*une jeune fille*, délicatement traitée par M. Jaley.

Entre les bustes en marbre de la *Tragédie* et de la *Comédie* de M. Clesinger, placés dans la galerie aux fleurs, on voit un vase en argent repoussé, fabriqué dans les ateliers de M. Froment-Meurice, dont la composition des figures est de M. Feuchères. C'est un globe figurant la Terre que supportent les Titans, et sur ce globe est un groupe en plein relief, de Bacchus, de Cérès et de Vénus, avec cette inscription : *Sine Baccho et Cerere, friget Venus*. La composition de ce vase est ingénieuse, l'exécution en est fort remarquable, et cette belle pièce, commandée, dit-on, par M. le duc de Luynes, qui en a fourni la première idée, est un exemple frappant de ce que l'alliance de l'art avec la haute industrie peut produire d'excellent.

IV.

PEINTURE.

MM. ANTIGNA, ZIEGLER, LEHMANN, LAEMELEIN, SCHUTZENBERGER, GIGOUX, FÉRON, BARRIAS, JOBBÉ-DUVAL, TIMBAL, A. HESSE, ROBERT FLEURY, DECAMPS ET MADAME PAULINE LAURENT.

29 janvier 1851.

C'est en vain que l'on chercherait à se dissimuler le goût et la propension de la dernière génération de nos peintres pour le vulgaire et le laid; et le grand salon, ainsi que les quatre galeries du rez-de-chaussée, sont vraiment riches en ouvrages entachés de ce vice. Je dis *riches,* parce qu'en effet le talent matériel qui a présidé à l'exécution d'une certaine quantité de tableaux désagréables que l'on voit là serait tout à fait recommandable s'il était plus judicieusement employé.

Outre l'*Enterrement à Ornus,* sur lequel nous avons tout dit, on peut remarquer une *scène d'incendie* chez de pauvres gens, habilement peinte par M. Antigna. Mais, quoique la scène soit terrible, et malgré la grandeur naturelle des personnages, auxquels le peintre a donné beaucoup d'expression, ce tableau n'émeut pas le spectateur. Cet évènement sans date, ces personnages sans noms, en un mot ce malheur obscur auquel se rattachent ni une action héroïque, ni des personnes auxquelles on se soit réellement intéressé, pouvaient fournir le sujet d'un joli petit tableau de genre, mais ne sont nullement propres à être traités en grand. Le tableau de M. Antigna, réduit à deux ou trois pieds de hauteur, eût été le bienvenu dans une galerie particulière ; mais à quel édifice publique pourrait convenir une *scène d'incendie* traitée abstraitement? Je ne puis le deviner.

On est bien obligé de reconnaître la facture hardie et assez habile de M. Tabar dans sa composition de *Saint Sébastien,* parce qu'en effet ce torse, ce corps ou plutôt ce cadavre contourné et brusquement éclairé, a un aspect sauvage qui attire grossièrement les yeux et prouve que le peintre manie la brosse en toute liberté et s'est bien inspiré de la peinture fuligineuse des Espagnols. Mais quand on se reporte aux véritables grands maîtres, comme on voit qu'ils entendaient l'art autrement, s'ils avaient à représenter des saints martyrs! Même lorsqu'ils les montraient au milieu des tourments, par l'expression calme et imposante de ces saints personnages, par le sourire qu'ils mettaient sur leurs lèvres, ils faisaient pressentir l'état de béatitude auquel ils aspiraient. Aussi, en nous reportant tout à coup au saint Sébastien de M. Tabar, qu'y trouvons-nous? Un ignoble soldat frappé de flèches pour cause d'indiscipline, et mourant en forcené. C'était bien la peine d'amasser dans nos musées, dans nos bibliothèques et dans nos écoles, les modèles les plus parfaits des arts de toutes les nations et de tous les temps, pour retomber en 1850 dans l'ornière où se sont traînés les descendants malencontreux des Carraches.

Mais que faudra-t-il dire d'un autre tableau où le peintre, M. Blagdon, a eu l'idée de représenter le fameux anatomiste André Vésale, volant, pendant la nuit, le cadavre d'une femme, sous un gibet? Cet ouvrage a eu sans doute un mérite particulier aux yeux du jury, puisqu'on lui a fait les honneurs du grand salon; mais, fût-il peint avec toute la perfection imaginable, le sujet est-il de nature à être présenté aux regards du public, et cet acte de la jeunesse de Vésale nous montre-t-il sous un jour favorable ce savant si recommandable à tant d'égards?

Ce qu'il y a d'inquiétant dans les travaux de la

nouvelle école qui se produit en ce moment, c'est l'étourderie avec laquelle l'art y est traité. Peu importent le sujet et la manière dont on le composera ; l'idée qui domine toutes les autres chez nos jeunes artistes est de peindre une ou plusieurs figures dont le modelé et le coloris soient fortement accentués, et qui présentent à l'œil du spectateur une espèce de trompe-l'œil. Cette grossière vérité une fois atteinte, toutes les autres délicatesses de l'art, l'unité et l'intérêt pittoresque d'une composition, l'étude de la forme alliée au coloris, ainsi que l'élévation du style, sont impitoyablement sacrifiés à une imitation vulgaire et parfois repoussante.

A l'appui de cette assertion, je crois pouvoir encore citer le tableau de *la Faim,* de M. J.-A. Breton. Dans cette composition, les figures sont encore de grandeur naturelle, et le tableau doit avoir dix ou douze pieds de haut. La scène est dans un grenier ; une femme avec son plus jeune enfant est étendue sur un matelas à terre, et ses enfants plus âgés se précipitent vers leur père, sans doute, qui apporte un énorme pain. Je ne conteste pas à cet ouvrage une certaine hardiesse de pinceau et une entente de coloris que tant de jeunes artistes possèdent aujourd'hui, ce qui pourrait donner à croire que ce talent superficiel s'acquiert assez promptement ; mais à la vue d'une pareille composition, si triste et si désolante, on se demande à quelle destination elle pourrait être appropriée. C'est peut-être à tort, mais un amateur riche ne sera pas d'humeur à en orner son salon, et cette idée de présenter le tableau de *la Faim* sans les secours de l'aumône et de la religion, lui interdit l'entrée des églises. Voilà donc un tableau, qui ne manque pas de quelques qualités pittoresques, auquel on ne trouvera pas de place parce qu'il a douze pieds de haut, et qu'il a été conçu, composé et exécuté étourdîment.

Et puis enfin la *Pauvre Famille* de Prud'hon n'est pas tellement à dédaigner que l'on dût la refaire. Prud'hon connaissait à fond l'art de la composition ; et s'il a représenté des gens bien malheureux, il a eu soin de conserver en eux la dignité humaine, en faisant céder les besoins et les douleurs physiques au courage et à la résignation.

Dans ce genre de peinture à la mode aujourd'hui, où les artistes affectent de la produire avec une facilité désolante, il y a un tableau de M. Verdier Marcel dont l'ensemble du coloris est assez bon, qui séduit même. Cependant, lorsqu'on cherche la circonstance de la vie de *Saint Laurent* auquel il fait allusion, la scène est si vague et les personnages paraissent si étrangers l'un à l'autre, que je ne suis pas encore certain que le numéro que porte ce tableau soit véritablement le sien. Quoi qu'il en soit, l'ouvrage dont je parle est placé à l'angle gauche de la paroi du fond du grand salon, quand on y entre ; il doit avoir une quinzaine de pieds de large, et les personnages sont de grandeur naturelle. Je parle de ce tableau parce qu'il se trouve dans le *grand salon*, où le jury a placé, dit-on, les ouvrages *de choix ;* car j'avoue que s'il eût occupé dans l'une des trente-trois salles du premier étage, une place plus modeste, je ne me serais pas cru obligé de dire que parmi les trop nombreuses peintures traitées dans la manière *lâchée* devenue à la mode, l'inintelligible tableau de *Saint Laurent* est sans contredit le plus désordonné.

Il y en a cependant un qui pourrait lui disputer ce genre de supériorité, c'est *le Semeur* de M. J.-F. Millet. Autant qu'il est possible de saisir les contours qui se perdent avec le fond du tableau, on aperçoit en effet un homme qui sème du grain dans un champ ; mais le dessin est si indécis, le modelé si problématique, et l'harmonie générale du paysage si obscure, que l'unique personnage de cette composition apparaît aux yeux comme ce que nous croyons voir dans un songe. Quant à la manière dont ce tableau est peint, si, comme la jeune école le dit, c'est la véritable et la bonne, il faut convenir que Léonard de Vinci, Raphaël, Rubens, Rembrandt, Le Sueur et Poussin ont été bien dupes de mettre à perfectionner leurs ouvrages l'étude et le temps qu'ils y ont employés.

Parmi les artistes dont je viens de passer les productions en revue, il y en a un. M. A. Antigna, qui est un homme de talent. Jeune encore, il cède naturellement à l'impulsion qui entraîne les peintres de son âge; mais il y a en lui plus de sève et d'avenir que dans la plupart des autres peintres *naturalistes;* et je donnerai pour preuve de ce que j'avance son joli tableau des Enfants dans les blés. On n'y trouvera certainement pas cette élévation de pensée, de forme et d'expression que les grands artistes savent introduire même dans les sujets les plus humbles; mais la joie innocente et vive de cette troupe de petits garçons et de petites filles, foulant les moissons pour trouver des fleurs, offre à l'œil un tableau fort agréable, et fait naître des réflexions graves dans l'esprit. Il n'en faut pas davantage pour donner du lest et de l'aplomb au

sujet le plus futile en apparence, et dans le genre
tempéré M. Antigna a produit une fort bonne
composition.

On s'abuserait étrangement sur le sens de notre critique générale si, de ce que nous demandons de l'élévation dans le style, on inférait que
nous n'admettons comme dignes de l'emploi du
pinceau du peintre que les sujets sacrés, mythologiques ou tirés des passages les plus graves de
l'histoire. Et si quelque chose peut aider à faire
saisir la différence que nous établissons entre deux
productions dont le mérite matériel est égal, mais
où l'on trouve dans l'une le prosaïsme et dans
l'autre un éclair de poésie, c'est la comparaison
que nous avons faite de *l'Incendie* et des *Enfants
dans les blés*, peints par M. Antigna. Le premier
de ces ouvrages est antipittoresque, le second
prête au véritable développement de l'art.

Je n'abandonnerai pas encore la question du
naturalisme en peinture sans faire observer que
quand il s'introduisit en Italie et en France, au
commencement du xviie siècle, il produisit des
effets absolument semblables à ceux qu'il engendre aujourd'hui, tels que le dédain des grands
maîtres de l'antiquité et des temps modernes; l'abus de la pratique facile et téméraire substitué à

l'étude consciencieuse et approfondie de l'art; l'imitation du naturel sans choix, proposé comme but exclusif de la peinture; l'expression exagérée et le laid qui en résulte introduits dans la peinture comme un excitant indispensable pour réveiller le goût blasé du public, et enfin un monde de peintres et un déluge de peintures. Comme l'a dit Salvator Rosa dans l'une de ses satires, écrite vers 1640 : « Tout le monde est peintre aujourd'hui : *tutto il mondo è pittore;* » parce qu'en effet, à cette époque comme de nos jours, la pratique, le mécanisme de l'art étant tombés dans le domaine public, et l'habileté de la main ayant totalement remplacé le travail de l'intelligence, la médiocrité se jeta sur la peinture comme la pauvreté sur le monde. Or, c'est là que nous en sommes revenus aujourd'hui; et si, comme on a le droit de l'espérer, il ne s'élevait pas encore en France des hommes tels que Poussin, Le Sueur et L. David, qui s'opposèrent au mauvais goût et aux abus de la facilité, l'art serait fort en danger.

Les idées ainsi que les corps ne se déplacent jamais impunément en ce monde, et l'équilibre rompu, au physique comme au moral, tend aussitôt à se rétablir. Cette peinture toute matérielle dont je viens de parler, cet art qui se détruit lui-même en se prêtant à dégrader l'homme dans ses formes extérieures comme dans ce qui touche à son intelligence; cette peinture en un mot, qui n'a que l'imitation brute pour objet et pour but, entraîne naturellement ceux que ce système offense, dans l'exagération des idées contraires. Aussi est-il à remarquer cette année que la plupart des peintres qui sont restés fidèles, ou se sont nouvellement voués au culte de la peinture de haut style, ont choisi des sujets en dehors de la réalité. C'est ainsi que M. Ziegler a peint une scène du *Cantique des Cantiques;* M. Lehmann, *les Océanides consolant Prométhée;* M. Laemelin, *les Quatre vents de la vision de Zacharie*, et M. Schutzenberger, la *Parabole des vierges folles et des vierges sages*.

Arrêtons-nous d'abord à ces quatre productions. Je ne pense pas que M. Ziegler ait rattaché l'idée fondamentale de sa composition à celle, pieusement mystique, de l'union de Jésus-Christ et de l'Église. En me fiant à l'impression que m'a faite ce tableau, il me semble que l'on ne doit y voir que l'admiration et l'amour très-élevé que ressentent l'un pour l'autre l'homme et la femme restés encore dans tout l'éclat de leur beauté corporelle relevée par l'innocence de leur âme et la droiture de leur esprit. A ce compte, les deux figures de M. Ziegler me représenteraient plutôt Adam et Ève avant la grande faute, que l'époux et l'épouse du *Cantique des Cantiques;* à moins que l'artiste n'ait simplement considéré cet ouvrage de Salomon que comme une idylle du genre sublime. Mais, quel que soit le sens profond de ce groupe, il est évident que l'artiste s'est proposé de peindre l'homme et la femme dans toute leur force et leur beauté natives, s'admirant l'un l'autre comme créatures faites à l'image de Dieu.

L'époux est assis; l'épouse, debout, s'appuie légèrement sur son compagnon, et l'un et l'autre font communiquer leur âme par un regard chaste, mais plein d'amour. Dans ces deux figures nues, l'artiste s'est efforcé de traduire par la puissance et la beauté des formes le fond de son sujet. Le dessin des deux personnages est large et correct ; le modelé des chairs est traité avec grandeur, et l'aspect total de l'ouvrage a quelque chose d'imposant qui répond bien à la nature du sujet. Comme la scène se passe en plein air, peut-être serait-on en droit de demander que les tons des chairs fussent un peu plus brillants dans les parties éclairées et moins bruns dans les ombres. Mais malgré ces légers défauts que quelques retouches feraient facilement disparaître, il y a dans cette œuvre de M. Ziegler, comme dans un autre tableau de lui, représentant *la Pluie*, des qualités que l'on rencontre rarement aujourd'hui : de la force, de la grâce et de l'élévation.

Le sujet du tableau principal de M. Lehmann, les *Océanides* consolant Prométhée attaché sur le Caucase, outre son origine mythologique, renferme aussi un sens mystique ; car quels efforts les savants, ceux d'Allemagne entre autres, n'ont-ils pas tentés pour trouver une explication raisonnable à la fable de Prométhée? Du sujet le plus grave qu'a traité le tragique le plus sévère de l'antiquité, Eschyle, M. Lehmann a fait une composition élevée, mais gracieuse. Autour d'un roc à pic s'élevant au milieu de la mer, et sur le sommet duquel Prométhée expie, par les ordres de Jupiter, la faute d'avoir indiscrètement fait connaître le feu et son usage aux humains, on voit les filles de l'Océan, les unes encore à la surface des ondes, les autres s'élevant jusque vers Prométhée, qui toutes montrent à ce gigantesque coupable des marques d'intérêt. Les attitudes souples et ondoyantes de ces gracieuses consolatrices, l'agrément de leurs visages, la beauté de leurs formes et leurs regards bienveillants dirigés vers Prométhée, cloué sur le rocher, ne sont certainement pas des commentaires qui puissent résoudre l'énigme du *mythe* de Prométhée ; mais tout cela contribue à faire une composition brillante, gracieuse, peinte avec pureté, pleine d'éclat, qui flatte l'œil et sourit à l'imagination. Au surplus, outre cette peinture, on voit encore deux autres beaux ouvrages de M. Lehmann, dans le style élevé : une *Assomption* et la *Vierge consolatrice des affligés*. Quant aux excellents portraits que cet artiste a exposés cette année, je ne manquerai pas d'en parler quand je traiterai de ce genre.

M. Laemelein a été encore plus hardi dans le choix de son sujet, tiré du chapitre VI de Zacharie, car il s'est proposé la tâche difficile de peindre ce que le prophète en extase a vu, c'est-à-dire « quatre chars sortant d'entre deux montagnes d'airain ; le premier traîné par des chevaux roux, le second par des chevaux noirs, le troisième par des chevaux blancs, et le dernier par des chevaux vigoureux et tachetés. » Selon les interprétations approuvées par l'Église, ces quatre chars figurent les quatre grandes monarchies qui ont influé particulièrement sur les destinées du monde civilisé, les Assyriens, les Perses, les Grecs et les Romains. A cette irruption des quatre chars, le prophète ajoute cette explication : « Je dis alors à l'ange qui parlait en moi : Qu'est-ce que cela, monseigneur? Ce sont, répondit l'ange, les quatre vents du ciel qui sortent après s'être tenus devant le maître de toute la terre. » A cet exposé, j'ajouterai que l'auteur, comme il me l'a dit lui-même, s'appuyant sur ces dernières paroles, a voulu personnifier dans les quatre vents les quatre grandes races humaines et indiquer le mouvement qui les pousse dans la voie infinie du progrès.

Il y a dans ce qui précède, comme on s'en est sans doute aperçu, l'exposé de la question philosophique la plus profonde et la plus abstruse à résoudre. Mais j'en userai à l'égard de la vision de Zacharie, peinte par M. Laemelein, comme avec celle d'Ézéchiel, que nous a léguée Raphaël; c'est-à-dire que je laisserai aux théologiens ou aux philosophes le soin d'en expliquer le sens caché, pour ne m'occuper que de la peinture.

M. Laemelein a donc en effet représenté les quatre chars dont les chevaux ayant les couleurs désignées sont conduits chacun par un personnage qui figure les quatre grandes familles humaines. Le char aux chevaux blancs avec leur conducteur, qui figure sans doute l'Europe, occupe largement le milieu du tableau, et semble non-seulement devancer les attelages qui le suivent, mais se précipiter dans l'espace avec une ardeur qui tient de la furie.

L'artiste s'est évidemment jeté en pleine allégorie pour échapper au mysticisme, et l'on avouera que c'est au moins un grave inconvénient pour un tableau que de ne laisser saisir le sens approximatif qu'il renferme qu'à l'aide d'une interprétation aussi longue que celle que je me trouve forcé de faire. Mais enfin ce sont quatre chars montés par quatre hommes de races différentes, qui ont l'air de lutter à qui arrivera le premier à un but lointain, inconnu, et au risque de culbuter dans le premier précipice qui se rencontrera. Considérée comme une course de chars, la composition présentant des attelages vus de face et lancés au plein galop est très-hardiment conçue, quoique je doive avouer que cette multitude de raccourcis venant sur le spectateur ne soit pas toujours agréable ni compréhensible à l'œil.

Mais je ferai une critique plus grave à l'auteur de cet ouvrage, et elle portera sur l'exécution pittoresque, qui est loin d'être sévère et pure, comme l'exige un sujet aussi élevé que celui qu'il a choisi. J'ai rappelé tout à l'heure la vision d'Ézéchiel, très-petit tableau de Raphaël, il est vrai ; mais si l'on considère avec attention la *Vierge au poisson*, du même maître, dont les figures sont très-grandes, on retrouvera, sur la grande toile comme sur la petite, la même pureté de style dans l'exécution. Lorsque, comme M. Laemelein, on a heureusement le goût de traiter des sujets élevés, il faut que le faire réponde à la pensée. Que M. Laemelein se garde donc bien de se laisser aller à cette facilité déplorable dont la jeune école abuse tant aujourd'hui, à ce dévergondage de pinceau qui a perdu tant de gens de talent il y a quatre-vingts ans, et qui menace encore de ruiner l'art aujourd'hui ; enfin, que M. Laemelein choisisse des sujets moins extraordinaires, des scènes plus réelles et moins difficiles à rendre que l'irruption des quatre vents échappés des montagnes d'airain. Que n'a-t-il fait tout simplement une course de chars? Tout le monde l'aurait compris sans commentaire.

Il y a bien aussi quelque obscurité dans la composition que M. Schutzenberger a faite d'après la parabole des *Vierges folles et des sages*. Si j'ai bien saisi son idée, ce sont *les folles* qu'il a peintes au moment où elles se réveillent et ne trouvent plus d'huile pour mettre dans leurs lampes et aller trouver l'époux. Quoi qu'il en soit, l'agencement pittoresque de ces femmes, et surtout de celle déjà debout sur le devant, est digne de véritables éloges. Il y a de la grandeur, de la force tempérée par la grâce dans cette belle vierge folle qui étend ses bras au-dessus de sa tête; et toute cette figure est dessinée et modelée avec une pureté et une énergie d'autant plus remarquables, que ces qualités sont fort rares dans les tableaux exposés cette année. Mais pourquoi M. Schutzenberger, qui a un goût pur et sévère, s'est-il laissé aller à barioler le vêtement de son principal personnage de trois couleurs, blanc, jaune et bleu, dans la hauteur? Ce défaut dépare un ouvrage de mérite, et j'engage l'auteur à rendre à son tableau une unité d'aspect qui fera d'autant plus ressortir les excellentes qualités qu'il renferme.

Après avoir passé en revue les essais principaux des peintres qui se plaisent à reproduire les choses vulgaires, et même le laid, nous nous sommes efforcé d'atteindre jusqu'aux idées quelque peu apocalyptiques des artistes qui, dans la crainte de salir leurs vêtements dans la fange, s'élancent témérairement dans les cieux. Maintenant, nous ferons une excursion dans la zone intermédiaire, et pour commencer je signalerai une très-bonne figure de femme à laquelle l'auteur, M. Gigoux, a donné le nom de Cléopâtre, qui n'est réellement justifié que par la présence d'un aspic sous des feuilles de figuier. Néanmoins, cette figure, cette étude, cette peinture, comme il plaira de la désigner, est bien modelée, bien coloriée et très-agréable à voir, tant il est vrai que dans les arts l'importance du sujet est toujours subordonnée au mérite de l'exécution, au choix du style.

Jésus-Christ arrêté au jardin des Oliviers, grande toile de M. Féron, mérite certainement des éloges. Mais il y a toujours de l'inconvénient à peindre dans de si grandes dimensions une scène qui se passe la nuit. Ces sortes d'effets ne réussissent bien qu'en petit, précisément parce qu'ils ont d'autant plus besoin d'être vivement éclairés qu'ils sont plus obscurs. Or, on n'est pas toujours maître de verser une lumière convenable sur un tableau de la grandeur de celui de M. Féron. Ces critiques faites dans l'intérêt de l'art, il est juste de dire que cet ouvrage a du mérite.

Lorsque *les Exilés de Tibère*, de M. Barrias, étaient exposés au palais des Beaux-Arts, je reprochai à l'artiste d'avoir peint ce tableau avec quelque lourdeur. En effet, un nouvel examen semble avoir confirmé cette critique. Mais, ce léger défaut reconnu, il est certain que cette composition est belle, offre un véritable intérêt, et qu'elle place M. Barrias au nombre de nos artistes recommandables.

Outre *le Printemps, l'Hiver* et de jolis portraits de M. Jobbé-Duval, le principal ouvrage de cet artiste est *la Jeune Malade*, d'André Chénier. C'est en effet une charmante et gracieuse composition, dont l'exécution pure et suave repose les yeux de toutes les *pochades* grossières dont le jury a infesté l'exposition.

C'est un plaisir de la même nature, et qui résulte de la même comparaison, que produit *la Vieillesse de saint Augustin*, par M. Timbal. Guidé par un sujet sinon plus grave, du moins plus sévère que celui de la *Jeune Malade*, l'auteur du *Saint Augustin* a conformé son style à la gravité majestueuse de son principal personnage, et son tableau, quoique petit de dimension, a réellement de la grandeur.

En observant avec attention et dans ses détails le grand tableau de la *Procession de la Ligue*, par M. A. Hesse, on s'aperçoit qu'il a été traité par un très-habile artiste. Je regrette seulement que l'ordre de procession n'ait pas été plus religieusement conservé. Nous connaissons tous la gravure du journal *de Henri III*, qui représente cette odieuse bouffonnerie ; or, il ne faut jamais aller contre une tradition généralement reçue. Vous m'avez promis la procession de la Ligue, eh bien ! je la veux telle qu'elle était. A vous, artiste, il sera permis d'en relever les détails par la finesse et l'énergie de votre pinceau ; mais n'altérez pas l'idée, l'image traditionnelle.

Un artiste qui est depuis longtemps en possession de traiter avec supériorité le genre anecdotique, la peinture réelle, M. Robert Fleury, a exposé deux compositions, *Jane Shore* et le *Sénat de Venise*. Ce dernier tableau paraît avoir été préféré à l'autre par le public. On a trouvé dans la *Jane Shore* que l'infortune de cette femme en butte aux injures de la populace, n'était pas relevée pittoresquement par un style assez élevé.

La *Rebecca* de M. Decamps n'a pas non plus entièrement répondu à l'attente des connaisseurs. Dans cette composition, sagement conduite, on ne retrouve pas, au moins au même degré, l'originalité et la finesse que cet habile artiste avait mises dans ses dessins de l'*Histoire de Samson* et dans la *Sortie d'une école turque*.

Deux artistes, MM. Laugée et A. Bourdier, ont traité le même sujet, la *Mort du peintre Zurbaran*, qui, près de mourir, prit, dit-on, un charbon dans l'encensoir de l'enfant de chœur assistant le prêtre venu pour lui donner l'extrême-onction, et fit un dessin sur la muraille. Je ne sais d'où est tirée cette anecdote, dont Bermudes ne dit pas un mot dans son Dictionnaire des Peintres espagnols; mais, quoi qu'il en puisse être de la vérité de ce fait, il a fourni à M. Laugée l'occasion de faire un tableau composé et peint avec grâce et facilité. L'ouvrage de M. A. Bourdier, moins complet que celui de son rival, ne laisse pas cependant que de renfermer des qualités pittoresques estimables. Quant à la recommandation que je crois devoir faire aux deux peintres de la mort de Zurbaran, c'est de contenir leur admiration pour cet artiste espagnol, et de la reporter, au moins pour varier leurs études et renouveler leurs idées, sur des maîtres d'un ordre plus élevé.

Mais il faut s'arrêter aujourd'hui, et je ne dirai plus que quelques mots pour signaler à l'attention du public trois petits ouvrages, trois peintures sur émail de Mme Pauline Laurent. Ce sont des copies excellentes qui ont parfaitement réussi, malgré toutes les difficultés bien connues que présente la peinture sur émail, de la *Belle Jardinière*, d'après Raphaël, de la *Vénus sortant des eaux*, d'après M. Ingres, deux bijoux précieux qui appartiennent à la manufacture de Sèvres, et enfin du portrait de la reine Victoria, d'après M. Winterhalter. Ces ouvrages sont traités avec une délicatesse et un soin qui charment d'autant plus en ce moment, que les yeux de ceux qui parcourent l'exposition sont bien las et bien rebutés par la quantité des effroyables *pochades* qu'on y a introduites.

V.

SCULPTURE.

MM. POLLET, PRADIER, JOUFFROY, LEQUESNE, A. MILLET, BARRYE, LOYSON, CLESSINGER, ETC. — PLAIE DE L'ART. — NOUVEAU JURY. — EXPOSITIONS ANNUELLES. — NATURALISME.

4 février 1851.

L'école de peinture en France est rongée en ce moment par une plaie profonde, mais l'épiderme qui la couvre a conservé jusqu'ici une apparence de fraîcheur et de santé qui trompe même les critiques, et leur fait prendre le change sur les diagnostics du mal dont l'art est travaillé.

Ne perdons pas de vue ce que nos observations et nos calculs précédents nous ont fait reconnaître pour vrai : 1° Que de 1673 en 1851, le nombre des artistes qui ont pris part aux expositions s'est accru de cinquante à seize cent-soixante-quatre, quoique le chiffre des peintres, sculpteurs, etc., restés illustres ou célèbres, et appartenant aux générations comprises entre ces deux époques, se soit constamment maintenu à la moyenne de trente; 2° que conséquemment la foule des artistes médiocres ou absolument nuls a augmenté, dans l'espace de cent-soixante-dix-huit ans, dans la proportion de un à trente-trois; 3° qu'à compter de 1825, toute idée d'une *École*, c'est-à-dire d'une multitude d'efforts engendrés par le même principe et se diversifiant à l'infini par la variété de l'esprit de ceux qui se rattachent à cette unité, a été complétement rejetée; 4° que de là est résulté l'apparition subite de ces myriades de théories isolées, personnelles, dont l'effet a été de disséminer dans tous les sens les efforts des artistes, et d'enlever à l'art sa puissance morale, en lui ôtant son unité.

Que deviendrait une armée, si chaque soldat portait un habit de fantaisie, méconnaissait ses chefs et prétendait porter dans son cerveau le meilleur plan de campagne? précisément ce qu'est aujourd'hui la corporation des artistes : une armée en désordre, que la moindre attaque imprévue peut mettre en déroute et disperser complétement.

Dans les arts, comme en tout, l'unité est le fondement de ce qui est viable et marche bien. Certes, les ouvrages d'art exécutés sous Louis XIV ne présentent pas toujours des détails qui satisfassent pleinement le goût ; mais ils sont imprégnés d'unité, si je puis dire ainsi ; et de quelque point de la circonférence qu'ils partent, ils lancent toujours un rayon qui va toucher droit au centre.

De nos jours, au contraire, où rien ne nous autorise à croire que nos artistes doivent dépasser en mérite ceux du grand siècle, tout part de la circonférence dans des directions différentes, pour aller se perdre dans l'infini. C'est qu'en effet il est plus aisé et beaucoup plus commode pour les maladroits, de faire décrire une parabole imprévue à une flèche lancée au hasard dans le vague de l'air, que de la diriger sûrement vers un but, vers un point déterminé.

Ces comparaisons peuvent aider à faire comprendre la marche que l'art a prise en France depuis 1825. La médiocrité augmentant de jour en jour et se lassant enfin de viser à un but qu'elle sentait bien ne pouvoir jamais atteindre, a fait volte-face et s'est mise à tirailler au hasard dans toutes les directions imaginables. C'est ainsi que peu à peu les genres inférieurs ont été toujours plus cultivés depuis cette époque, et que l'on a vu successivement la peinture anecdotique, le portrait, les scènes familières, les croquis dessinés, les compositions à la Watteau et à la Boucher, et enfin les *pochades* et les *tartouillades* les plus informes, faire descendre le niveau de l'art jusqu'à la portée des faiseurs d'enseignes.

Il faut rendre cette justice à la médiocrité, que si elle a produit une immense quantité de mauvais ouvrages, elle a très-habilement manœuvré pour ses intérêts. En cette occasion, et contre son ordinaire, elle a visé droit au but; et comme les études sérieuses appliquées par les artistes consciencieux à l'art de peindre et de composer sont les choses qui peuvent lui nuire davantage, elle s'est étudiée à les ruiner, en inspirant du dégoût pour elles, en tournant même en ridicule les efforts que les plus grands maîtres ont faits pour perfectionner leurs ouvrages, et enfin en persuadant à la race moutonne des amateurs qu'une *pochade* faite en trois ou quatre heures a la chance d'être un chef-d'œuvre plutôt qu'un ouvrage étudié.

C'est donc la médiocrité devenue hardie jusqu'à l'insolence qui fait la loi aujourd'hui et l'ignoble et stérile *pochade* qui souille les expositions.

Si l'on excepte ceux qui ont un intérêt personnel à favoriser ce genre de désordre, tout le public, y compris les personnes que leurs fonctions appellent à s'occuper de l'administration des arts, en connaissent très-bien l'existence. Seulement, en vertu de ce système de fatalité qui domine et embrouille les meilleurs esprits de notre temps, on regarde comme inévitable, comme nécessaire, voire même comme providentiel, tel fait que l'acte d'une volonté ferme pourrait rendre nul à l'instant; et au lieu de faire la moindre tentative dans ce sens, on obéit aux exigences de la médiocrité; que dis-je? on la favorise; on agit de manière à l'augmenter encore, et par conséquent à anéantir l'art en rendant la médiocrité souveraine. Ceci demande quelques explications, et je vais les donner.

Sous Louis XIII et même encore sous Louis XIV, c'était un devoir pour ces princes et pour leurs ministres, non-seulement de protéger les arts, mais de solliciter par des récompenses pécuniaires et honorifiques l'éducation des artistes qui étaient en assez petit nombre alors. Ces précautions, sages dans l'origine, le devinrent beaucoup moins sous le règne de Louis XV, pendant lequel les arts tombèrent très-bas, comme chacun sait, précisément parce que les artistes étaient trop largement payés. Sous le règne suivant, M. d'Angevilliers, mu certainement par un sentiment généreux, eut l'idée, pour encourager les artistes, de faire commander aux peintres par Louis XVI un certain nombre de tableaux, mais sans en déterminer le sujet, la grandeur ni la destination, afin, disait-on alors, de ne pas entraver le génie des artistes. Cette mesure, dont l'intention, je le répète, devait naturellement paraître si louable, a eu les effets les plus fâcheux : celui d'abord de faire prendre aux artistes l'habitude de traiter des sujets qui ne répondent qu'à l'une de leurs fantaisies isolées, et l'autre de mettre annuellement l'État dans l'obligation de faire faire des peintures n'importe pour qui ni pourquoi. Jusqu'en 1791, les abus qui pouvaient résulter de cette disposition étaient naturellement restreints par le nombre des académiciens à qui ces faveurs étaient seulement accordées ; mais lorsque l'Académie fut détruite, que la Convention eut donné à tous les artistes indistinctement le droit d'exposer, et qu'en vertu de ce principe tout ce qu'il y avait de peintres, de sculpteurs et de graveurs en France, devint apte à solliciter et à recevoir les faveurs du gouvernement, la digue fut rompue, et depuis cette époque on a laissé le lit du fleuve débordé s'élargir de jour en jour.

Or je crains bien, et c'est là où je veux en venir, que cette année l'administration n'ait changé ce fleuve en une espèce d'océan par le *règlement de l'exposition publique des ouvrages des artistes vivants*, émané du ministère de l'intérieur. Tout le monde s'accorde à dire que l'on fait plus que suffisamment de peinture en France, et qu'il y a trop de peintres; et les artistes surtout ne me démentiront pas. Cependant le règlement ministériel institue un jury qui a fait déjà ses preuves, et dont la monstrueuse indulgence fera époque dans l'histoire des arts; puis à cette nouvelle facilité donnée à la médiocrité, non-seulement d'étaler ses tristes œuvres sur les murs de l'exposition, mais ce qui l'arrange mieux encore, de nuire par leur voisinage au nombre des peintures étudiées avec soin, le règlement ajoute l'attrait d'une foule de récompenses aux exposants, ce qui donnerait à croire qu'il s'agit d'attirer des artistes dans une colonie qui commence à s'établir, et où l'on se trouve obligé d'entretenir artificiellement, et à grand renfort de primes, la confection des ouvrages de luxe. Ainsi, après l'énumération de toutes les récompenses inférieures qui peuvent être décernées, il est dit à l'art. 15 du règlement : « Une médaille d'honneur de la valeur de 4,000 fr. pourra être accordée à titre de récompense après l'exposition, sur la proposition spéciale qui en sera faite à la majorité absolue par un des jurys, en faveur de l'artiste qui se sera fait remarquer entre tous par un ouvrage d'un mérite éclatant..... Lorsque la médaille d'honneur aura été accordée, elle sera continuée d'année en année, et donnera droit au paiement annuel d'une somme de 4,000 fr. en faveur du titulaire, jusqu'à ce qu'un autre artiste ait mérité cette médaille. »

Nous savons que penser du nouveau jury, qui fait déjà vivement regretter, dit-on, aux artistes, les bienfaisantes rigueurs de celui de la monarchie; mais il nous faut attendre jusqu'à la fin de l'exposition pour savoir, ce qu'il est impossible de prédire, à qui sera décernée la médaille d'honneur. Néanmoins, et quel que soit le jugement qui sera porté à ce sujet, ce qu'il est facile de prévoir, c'est que l'attrait d'une récompense annuelle de 4,000 fr., et susceptible d'être changée en rente pendant quelques années, sera loin de faire diminuer le nombre de ceux qui, par paresse, par légèreté, ou ne sachant quelle profession embrasser, se font peintres ou sculpteurs en désespoir de cause.

Nul doute que l'administration actuelle n'ait agi, en cette circonstance, avec les mêmes intentions bienveillantes que celles des autres gouvernements depuis le règne de Louis XVI, mais, selon moi, cette générosité a été originairement mal entendue ; et si les remarques qu'elle m'a suggérées sont justes, elle a nui à l'art et a toujours augmenté fatalement les charges de l'État, qui aujourd'hui se trouve dans la nécessité de prodiguer plus que jamais les commandes et les récompenses à un monde d'artistes dont les quatre cinquièmes se composent des médiocrités les plus désespérées comme les plus désespérantes.

Telle est aujourd'hui la plaie des arts en France. Que faudrait-il faire pour la guérir ? Depuis plus de quinze ans, j'indique à chaque exposition le seul moyen, sinon de détruire complétement ce mal, au moins d'en ralentir sensiblement la marche ; mais maintenant que depuis 1848 les idées de liberté indéfinie dans les arts ont porté leurs tristes fruits, et que les prétentions exubérantes de la médiocrité menacent d'attenter aux droits des artistes d'un talent éprouvé et généralement reconnu, je crois qu'il est temps de mettre un frein à ces prétentions dangereuses par une mesure énergique.

Or, selon moi, rien n'est plus facile. On n'a qu'à reporter la prochaine exposition à l'année 1854, et l'on peut être certain que tous les apprentis peintres et sculpteurs qui n'ont pas réellement la vocation de leur art prendront une autre direction pendant les quatre années qui vont s'écouler. Tout le monde sait et répète hautement depuis longtemps déjà que les expositions sont devenues des bazars particulièrement favorables à ceux qui ne font qu'un trafic de leur art; qu'en raison de la concurrence purement mercantile qui s'y est établie, l'élite de nos artistes, certains de faire voir leurs travaux dans leurs ateliers, ont depuis longtemps déserté le salon ; que, quelle que soit la quantité des bons ouvrages qui peuvent suffire, comme il en advient au Palais-Royal cette année, à composer une exposition digne de donner une idée très-avantageuse de nos artistes, cependant ce choix se trouve perdu, obscurci, altéré, détruit en quelque sorte, par la foule des mauvaises productions qui les entourent ; et qu'en somme, l'esprit de désintéressement qui a si longtemps animé les artistes français, ainsi que le caractère de solennité que les expositions publiques ont conservé parmi nous pendant tant d'années, s'affaiblissent au point de faire craindre qu'ils ne s'anéantissent complétement. Il faut donc aviser au moyen de prévenir le plus tôt possible cette ruine imminente ; et quant à moi je n'en vois pas d'autre que de retremper d'une part le goût du public tant soit peu blasé, et de l'autre d'éprouver ceux qui se donnent pour artistes, en mettant un intervalle de quatre ans entre l'exposition présente et la prochaine, pour en revenir ensuite aux solennités bisannuelles, dont je crois qu'il sera toujours sage de se contenter.

En attendant l'emploi de cette mesure ou d'une autre, si l'on en trouve une plus efficace, félicitons-nous de l'unité de principe qui s'est conservée dans notre école de sculpture, et du bon exemple que les statuaires n'ont pas encore cessé de donner aux peintres. C'est, comme j'ai déjà eu fréquemment l'occasion de le dire, la statuaire qui retient toujours sa sœur la peinture lorsque celle-ci, ainsi que cela arrive si fréquemment en France, a ses accès de folie et jette, comme on dit vulgairement, son bonnet par-dessus les moulins. La faculté qu'a le peintre de pouvoir imiter tout ce qui est transparent, l'air, les eaux, les chairs, les vêtements et les vapeurs, est ordinairement ce qui l'entraîne hors des limites naturelles et du genre de poésie auquel son art lui permet de prétendre. Mais le statuaire, privé de ces ressources et toujours ramené à la réalité des formes tangibles, sent qu'il ne peut tirer que d'elles seules les idées élevées qu'il veut exprimer. Or, malgré les différences qui existent entre les deux arts, ils ont un principe et un appui communs, la forme, car sans elle le coloris n'est rien. C'est donc un avantage inestimable dans un pays où l'on a la prétention de cultiver les arts d'imitation avec supériorité, que d'y voir fleurir simultanément la statuaire et la peinture, et c'est ce qui ayant presque toujours eu lieu en France, a si souvent tiré la peinture des mauvais pas où son étourderie l'a fait tomber.

Examinons donc les travaux que nos sculpteurs ont exposés cette année. Pour la deuxième ou troisième fois, je ferai l'éloge de l'*Heure de la Nuit* glissant dans l'air, que M. Pollet a très-finement exécutée en marbre. C'est un charmant ouvrage, plein de grâce et de poésie; mais il ne faut pas que l'auteur essaie d'aller au-delà de la légèreté et de l'allure aérienne qu'il a donné à cette figure, car le poids et la rigidité du marbre l'avertiraient sévèrement qu'il a touché la dernière limite de la statuaire, et qu'une ligne au-delà commence la peinture.

Tout le monde loue la morbidesse des chairs de l'*Atalante* de M. Pradier, ainsi que la supériorité avec laquelle cet artiste a travaillé son marbre; mais il n'est personne non plus qui n'ait remarqué que, pour une femme qui était devenue célèbre aux exercices de la course, la nature des formes de cette Atalante ne soit tant soit peu grassouillette et rebondie. Il reste de l'antiquité quelques statues de femmes courant, marchant, chassant, la Diane entre autres, et toutes ont peu d'embonpoint, les membres allongés, et portent sur leur physionomie et dans toute l'habitude de leur corps quelque chose d'un peu sauvage. Était-ce bien une Atalante que voulait faire M. Pradier en commençant sa figure? Telle est la réflexion que j'ai entendu faire devant cette gracieuse statue.

L'*Érigone*, marbre de M. Jouffroy, est une des bonnes statues de l'exposition. La jeune amante de Bacchus, accroupie au pied d'un cep de vigne, cherche à en atteindre les fruits. L'aspect de cette figure est gracieux, le travail du marbre est traité avec sévérité, ce qui forme un ensemble fait pour plaire aux amateurs, et tout à fait digne de fixer l'attention des artistes.

Une des statues autour de laquelle le public s'arrête particulièrement est *le Faune dansant* sur une outre, exécuté en marbre par M. Lequesne. Le mouvement de ce personnage est saisi et exprimé avec une justesse et une habileté qui font le plus grand honneur à l'artiste. Le style qu'a adopté M. Lequesne se rapproche de celui de la fameuse statue antique dite *le Gladiateur;* c'est-à-dire que l'imitation exacte de la nature, depuis l'attitude du danseur jusqu'à chacune des parties de son corps, sont exprimées et rendues avec une expression élégante, qui rend la vue de cet ouvrage agréable à tous ceux qui le voient.

Quoique un peu lourde de forme, la *Nizzia* de M. Etex ne manque pas d'une certaine grâce naïve bien rendue sur le marbre. La *Liseuse* de M. A. Lami a aussi du charme, et cet ouvrage est soigneusement étudié. Dans ce genre gracieux, on remarque encore la *Jeune fille*, de M. Jaley, jolie statue dont le travail consciencieux atteste les bonnes études que l'auteur a faites.

C'est encore un très-bon ouvrage de sculpture que le *Narcisse* se mirant dans les eaux, par

M. A. Millet. Le mouvement très-simple du jeune homme étendu à terre et se soutenant de la main droite, est exprimé avec vérité et finesse; et ces qualités se retrouvent dans l'excellent modelé de toutes les parties de la statue.

Plusieurs ouvrages faits par de jeunes statuaires qui ne sont point encore consommés dans leur art, ont cependant le grand mérite d'avoir été traités avec la ferme volonté de ne point s'écarter de la vérité ni des convenances de l'art; telles sont *le Cyparisse*, de M. Marcelin; *un Jeune garçon jouant à la boule*, par M. Frison; *la Laïs mourante*, de M. M. Meusnier; *un Caïn*, de M. Falconier; *le Philoctète*, par M. Christophe, à qui je reprocherai cependant d'avoir fait ouvrir démesurément la bouche à son héros; *un jeune berger soignant son chien malade*, par M. Franceschi; une gracieuse statue d'Horace jeune endormi, par M. Renoir, et un bon bas-relief de M. Le Harivel, représentant la sainte Cène.

Un *Lapythe* monté sur la croupe d'un *Centaure* qu'il assomme à coups de massue est, en sculpture, une des meilleures productions de cette année. Ce beau groupe, de la composition de M. A.-L. Barye, rappelle les bas-reliefs du Parthénon, sans que cependant la verve de l'artiste moderne ait rien perdu de son aisance et de sa vivacité. Le mouvement du Lapythe, combiné avec celui du Centaure, dont la nature est double, est merveilleusement saisi, et dans tout cet ouvrage il règne une recherche amoureuse de la nature qui fait qu'on ne saurait le considérer quelque temps sans être ému. C'est un beau morceau de sculpture, plein de grandeur, bien qu'il n'ait pas plus de quatre pieds de haut.

Il y a trois énormes statues de *la République*. L'une est de M. Soitoux, et peut passer pour une réminiscence des statues antiques de femmes ; elle tient son épée pour défendre le livre de la Constitution. L'autre, de M. A. Bosio, rappelle bien aussi tant soit peu quelques ouvrages de l'antiquité, mais elle est ajustée avec goût et non sans originalité. Quant à la troisième, la meilleure, qui est de M. Roguet, elle est ajustée et exécutée avec talent. Seulement, l'auteur a imprimé à sa *République* un mouvement de retraite qui lui donne un air inquiet et soupçonneux, comme si elle n'était pas sûre d'elle-même.

Maintenant que la statue de *Héro*, l'amante de Léandre, a été exécutée en marbre par l'auteur, M. Loison, on peut apprécier la gracieuse simplicité de cet ouvrage, dont le modèle avait déjà fixé l'attention publique l'année dernière. Il faut louer aussi M. Chambard à l'occasion de la statue d'une jeune femme agraffant un bracelet, et qu'il a intitulée *la Parure*. Quoique un peu lourde de formes, la *Susanne au bain*, de M. Grass, a du mérite, et ce n'est pas sans plaisir que l'on voit *la Psyché* de M. Legendre Iléral.

M. Clessinger a produit cette année un groupe important, exécuté en pierre. C'est ce que les Italiens appellent *une Piété,* la sainte Vierge tenant son fils Jésus mort sur ses genoux; beau sujet qu'il était inquiétant d'aborder après Michel-Ange et qui a fait faire des efforts méritoires à M. Clessinger. La donnée principale de ce groupe étant traditionnelle, on ne pouvait guère s'en écarter qu'en variant quelques détails, ce que M. Clessinger a fait avec habileté. Mais, comme il arrive toujours quand on reproduit une idée déjà bien développée, on se trouve inévitablement entraîné à ajouter un peu de superflu au nécessaire.

A mon sens donc, je trouve les draperies de ce groupe trop chiffonnées ; elles manquent de simplicité et de grandeur, défaut, du reste, dans lequel tombent presque tous les artistes de nos jours, depuis que la mode et l'usage de porter des étoffes de soie à plis cassants et bariolées de trente-six couleurs nous ont habitués à voir des vêtements dont les plis sont sans cesse en contradiction avec les mouvements et les formes du corps humain. Quoi qu'il en soit, *la Piété* de M. Clessinger est une sculpture fort habilement exécutée, plus gracieuse que forte sans doute, mais pleine de qualités que peu de personnes pourraient y mettre.

La Tragédie et *la Comédie,* représentées par le même sculpteur sous les traits de notre célèbre actrice mademoiselle Rachel, est un jeu d'esprit qui ne s'accorde peut-être pas parfaitement avec la sévérité de la statuaire ; mais le marbre est travaillé avec tant de suavité et de finesse que la critique est désarmée.

M. Desbœufs a fait une fort bonne statue honoraire du *général de Blanmont* pour la ville de Gisors.

Il y a aussi une statue, également en marbre, de Gresset, l'auteur de *Vert-Vert.* A cette occasion, je ferai observer que l'on multiplie outre mesure les statues de ce genre. Eh quoi! une statue de grandeur naturelle, et en marbre, élevée à la mémoire de Gresset! Mais alors que fera-t-on donc pour Homère ou le Dante? Un tel honneur, trop souvent décerné, perd de son prix.

Il y a dans les salles du premier étage des petites figurines en bronze qui ont quatre ou cinq pouces tout au plus, mais qui sont charmantes. L'une est une petite *Andromède* sur le rocher; elle est de M. J. Félon; l'autre, une petite *Léda*, par M. A. Courtet. Ces deux figurines, bien composées et très-largement modelées semblent grandes comme nature quand on les a considérées pendant quelques minutes. Quelle différence mystérieuse il y a entre la dimension et la proportion! C'est ce que les peintres qui s'obstinent à faire de grands tableaux ne veulent pas comprendre.

Le bronze a été fort heureusement mis en usage par M. Cordier dans la belle tête si hardiment et si savamment modelée de son *Nègre de Tombouctou*. Cette tête, de grandeur naturelle, est pleine de vie, et la couleur du métal ajoute encore au mérite de l'imitation.

M. Lechesne a fait le modèle de deux groupes d'animaux et d'enfants qui composent un petit drame où un chien demeure vainqueur et sauve les enfants des atteintes d'un serpent. Il y a de l'étude consciencieusement faite dans ces deux groupes, auxquels il manque toutefois plus de largeur dans l'exécution et plus de ce frémissement vital qui fait croire à la réalité d'une imitation.

Il y a passablement d'animaux bien traités en sculpture. Ceux de M. Frémiet, entre autres, sont fort remarquables, tels que sa *Chatte,* son *Chien blessé* et sa *Poule cochinchinoise avec ses petits,* qui est modelée d'une manière magistrale.

Je citerai encore en ce genre les *deux taureaux* près de se battre, très-bon modèle en plâtre de M. Isidore Bonheur, frère de madame Rosa Bonheur, qui a encore exposé cette année de fort jolis tableaux d'animaux; puis le tigre de M. Jacquemart, qui est plein d'énergie et de vérité.

En sculpture, les *naturalistes* ne sont pas, grâce au ciel, aussi nombreux que parmi les peintres; cependant il y en a, et l'on peut certainement apprendre quelque chose en se rendant compte de leur théorie et de leur pratique. Le but qu'ils donnent à l'art est de faire vrai non-seulement quand le laid s'y allie, mais de s'attacher particulièrement à donner aux sujets et aux formes des apparences vulgaires. De là découle naturellement un goût marqué pour l'exécution brutale, fantasque et lâchée.

C'est bien à regret qu'après avoir loué en toute sincérité les figures d'animaux de M. Frémiet, je me trouve forcé, ayant vu son groupe de *l'Ours blessé* étouffant un homme, d'enrégimenter cet artiste, mais pour ce fait seulement, dans la classe des *naturalistes*. Mais en bonne conscience, par l'effet de quel renversement d'idées, après avoir épuisé tout son talent à modeler un ours et ses oursons dans des proportions, on peut dire héroïques, relativement à cette espèce d'animal, M. Frémiet a-t-il pu se décider à représenter l'homme qui a été aux prises avec cette bête, de manière à repousser les spectateurs par la laideur et l'excessive pauvreté des formes de son corps? Si l'artiste eût réduit ce triste sujet à la dimension d'un groupe d'un pied ou deux, passe encore; mais grandir toutes ces combinaisons de la laideur jusqu'à trois mètres, c'est par trop. Aussi quelle sera la destinée de cet ouvrage, et où le placera-t-on, à moins que les ours des Alpes ou des Pyrénées ne se mettent aussi à ériger des statues honoraires à ceux de leurs semblables qui les débarrassent des hommes?

C'est par l'indifférence pour la forme et par le laisser-aller de l'exécution que M. Maindron se rattache surtout à la secte des *naturalistes*; car ses idées ne manquent pas d'une certaine élévation. Mais son style n'étant ni assez sévère ni assez pur pour la statuaire, il se rejette dans la manière facile et aventurée, si communément employée par les peintres. Telles sont les réflexions qui me passaient dans l'esprit en regardant la statue de *Sainte Cécile,* en marbre, de cet artiste. L'expression que M. Maindron a donnée à ce personnage tient beaucoup plus de l'extase amoureuse d'une héroïne de roman que du ravissement que les chants célestes devaient causer à la sainte musicienne.

Mais le sculpteur *naturaliste* le plus avancé est sans contredit M. Préault. Je ne parlerai pas en détail de son bas-relief *la Tuerie,* qui peut faire comprendre au public les éminents services que la prétendue sévérité de l'ancien jury a parfois rendus à cet artiste. Je glisserai encore sur une *Ophélie* noyée, bas-relief insignifiant, pour arriver aux deux meilleurs ouvrages de M. Préault qui figurent à cette exposition : un *Christ en croix* (bronze) et un *buste de N. Poussin* (marbre). Le marbre du buste n'est ni bien ni mal taillé, et sous ce rapport cet ouvrage ressemble à beaucoup d'autres du même genre qui l'entourent. Mais le modelé de la tête, la forme osseuse et l'expression donnée à cette tête résultent de l'idée, de la volonté et du talent de l'artiste. Or tous ceux qui connaissent le beau portrait que Poussin a laissé de lui-même, dont les traits sont si nobles, où il y a une retenue, un *contegno,* comme disent les Italiens, qui indique une âme si élevée, un esprit si calme et enfin un homme si sûr de lui-même, auront de la peine à retrouver l'auteur de *la Manne*, de *la Rebecca* et du *Déluge* dans cette tête de matamore que lui a donnée M. Préault.

Selon la théorie des *naturalistes*, est réputé froid et insignifiant tout mouvement qui ne va pas jusqu'à la contorsion, toute forme qui n'est pas exubérante, toute expression qui ne dégénère pas en grimace, et enfin toute exécution qui ne tend pas à exprimer brutalement cet ensemble d'exagéations.

Quant au Christ en croix de M. Préault, si nous lui ôtons par la pensée, sa couronne d'épines, et qu'il se présente alors à nos yeux, comme le *bon Larron*, alors cette figure est très-acceptable. Du moment que nous ne serons plus en droit d'exiger cette nature épurée, ni ces formes d'élection que revêtit le Fils de Dieu, et que nous n'aurons à demander au contraire qu'un homme de peine bien robuste, énergiquement musclé, attaché et mort sur une croix, nous louerons l'artiste, parce qu'en effet il a rendu avec talent la nature de ce dernier personnage.

Mais si le *naturalisme* est une hérésie déjà bien dangereuse pour l'art, le *maniérisme* le serait en-

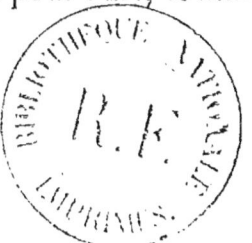

core davantage ; aussi signalerons-nous un essai en ce genre qui, heureusement, n'a point assez de valeur pour entraîner les gens médiocres toujours à la piste de nouveautés qui ont chance de devenir à la mode. C'est une statue en marbre représentant *Sarah la baigneuse* (n° 3,201). Supposez que le peintre Boucher s'est ingéré de sculpter une de ses baigneuses maniérées, et vous aurez une idée juste de la Sarah dont je parle. Sourire grimacé par une bouche en cœur, nature mesquine et étiolée sous les vêtements et à la chaleur des bals, attitude presque repoussante pour les spectateurs les moins scrupuleux, tels sont les caractères de cette statue imprégnée du style le plus dépravé du temps de Louis XV, à laquelle il ne manque pour complément accessoire, que des bas de soie et un corset à baleines à ses pieds.

VI.

PEINTURE.

MM. CHASSÉRIAU, E. ODIER, BIGAND, L.-N. DUVEAU, YVON, P. FRANQUE, PICOU, GÉRÔME ET E. DELACROIX. — CROQUIS ET ESQUISSES DES GRANDS MAITRES. — POCHADES ET TARTOUILLADES DE 1850.

15 février 1851.

Malgré le dégoût naturel et réfléchi que m'inspirent les productions que l'on ne peut désigner que par des mots qui me répugnent autant qu'elles, la nécessité m'oblige d'entrer dans quelques détails au sujet des *tartouillades*, des *pochades*, de toutes ces peintures indigestes enfin dont le voisinage importun obscurcit l'éclat des ouvrages de choix que renferme l'exposition. Non que j'aie la moindre intention d'analyser aucune de ces œuvres bâtardes ni de désigner ceux qui s'en sont rendus coupables, mais pour faire savoir seulement au public quelles sont l'origine, la portée et la valeur de cette triste singerie de l'art, et l'aider à reconnaître la fausseté du goût que la nouvelle école s'efforce de propager.

Personne n'ignore qu'il existe un assez grand nombre des études ou esquisses préparatoires des grands maîtres des xve et xvie siècles, et qu'elles sont fort recherchées par les hommes qui cultivent les arts. Dans ces dessins à la plume ou au crayon, jetés sur le papier au moment de l'inspiration et lorsque l'artiste ne travaillait encore que pour lui-même, on aime à retrouver la première étincelle, le premier jet d'une idée qui est devenue un tableau que chacun connaît et admire. Tout, jusqu'aux imperfections même, dans ces embryons de chefs-d'œuvre réalisés, fait naître un intérêt d'autant plus vif, que la différence des esquisses aux tableaux achevés est plus grande. Aussi est-ce dans ce cas seulement que l'admiration profonde et respectueuse pour le croquis, si informe qu'il puisse être, est pleinement justifiée par la perfection du tableau dont il n'était que le point de départ.

C'est ainsi que tout véritable connaisseur ne voit pas sans émotion les études, les esquisses que Raphaël a faites pour ses tableaux de la *Sainte Famille* et de la *Sainte Cécile*; le croquis tout raturé de l'admirable composition de la *Sainte Anne* de Léonard de Vinci; la première idée de l'*Extrême-Onction* du Poussin, et ces dessins un peu gauches, un peu lourds que Claude le Lorrain, à force d'art et d'études, transformait en ces admirables paysages que nous connaissons tous.

A de tels hommes qui ont donné des gages si nombreux et si éclatants de leur prodigieux mérite, on passe volontiers des incorrections ou des hardiesses de traits qui n'étaient vues que d'eux, qu'ils renfermaient mystérieusement dans leurs cartons ou ne laissaient voir au moins qu'à leurs élèves. Car ces hommes, amoureux de leur art, jaloux de la réputation qu'ils s'étaient acquise par la perfection de leurs ouvrages, étaient bien loin de faire parade des nombreux essais qu'ils avaient tentés avant d'arriver à leur but; et de même que toute personne qui se respecte ne se présente en public qu'après avoir mis ordre à ses vêtements, ainsi ces grands peintres ne croyaient devoir montrer leurs ouvrages que quand ils y avaient apporté toute la perfection qu'ils pouvaient y mettre.

Ces observations relatives aux cartons, aux *esquisses dessinées* qu'ont laissées les hommes antérieurs au commencement du xvıı^e siècle, s'appliquent exactement aux *esquisses peintes* des artistes de cette dernière époque: et quelques ouvrages de Rubens et de Rembrandt, ébauchés seulement, ou peints avec une hardiesse excessive, comme le *Mars partant pour la guerre*, du premier, et le *Samaritain*, du second, n'exciteraient certainement pas l'intérêt qu'ils inspirent, si l'on n'était pas si curieux de savoir comment des hommes qui ont achevé avec tant de perfection le plus grand nombre de leurs ouvrages s'y prenaient pour improviser un tableau, quand leur fantaisie ou l'occasion les y entraînait. Il est donc incontestable qu'une esquisse, une ébauche, une *pochade*, si l'on veut, échappée par hasard à un grand maître, ne devient précieuse que par la comparaison mentale que l'on en fait avec les chefs-d'œuvre terminés que l'on connaît de lui; et que si, comme nos *brosseurs* de peinture en 1850, ces hommes n'eussent fait autre chose en leur vie que des tartouillades, si audacieusement enlevées qu'on les suppose, ils n'auraient pas été placés au rang des grands artistes.

La nouvelle école a la prétention de changer l'ordre immuable de ces idées si simples; et en vertu de sa théorie, comme dans sa pratique, elle pose en principe qu'un tableau médité, étudié et terminé n'est qu'une exception à peine admissible; que le véritable artiste ne doit obéir qu'à son instinct, à sa fantaisie; que les études graduées et sévères sont nuisibles au développement du génie; que chaque artiste peut se suffire à lui-même, et doit apprendre par sa propre expérience ce qu'il a besoin de savoir; qu'il est tenu d'avoir sa poétique, son style et sa pratique à lui, sans s'embarrasser de ce qu'ont pensé et fait les autres; que tout ce qui ressemble à une école, et tend par cela même à une certaine unité de principes, est destructif du génie individuel, et qu'enfin l'art n'est que l'exercice, rendu facile, de la faculté de reproduire sur la toile, sans choix, sans réflexion et sans critique, les images et les idées brutes telles qu'elles nous viennent dans l'esprit par l'intermédiaire de nos sens.

Or, c'est sous l'influence de ces monstrueuses erreurs que s'est formée non pas une *école*, mais cette *troupe* de peintres dont la plupart rougiraient d'avouer un maître; enfants sans père, sans famille, substituant la vanité du moi à l'orgueil de race; dont chacun ne croit qu'en soi, ne s'agite que dans la sphère étroite où il s'est enfermé, et reste obstinément attaché à l'art tel qu'il l'a réduit pour le mettre à sa portée, comme le sauvage adore le fétiche grossièrement formé par ses mains. Tel est le véritable secret de ce goût, si généralement répandu aujourd'hui, de reproduire le *vulgaire*, le *laid*, dans le style le plus commun et à la faveur de l'exécution la plus incorrecte et la plus lâche. C'est tout simplement l'aveu détourné que la multitude redoutable des médiocrités de nos jours fait de son incapacité et de son impuissance. Quand on ne peut s'élever jusqu'à l'art, on s'efforce de le faire tomber jusqu'à sa portée, et c'est ce qui est cause non-seulement que nous voyons un si grand nombre de *tartouillades* et de *pochades* à l'exposition, mais qu'il y a tant de peintres de la dernière génération qui ne peuvent faire et ne feront jamais autre chose.

Parmi les nombreux accidents qui ont concouru à produire ce mal dont l'art est atteint en ce moment, il en est un, secondaire il est vrai, mais qu'il est cependant à propos de signaler : c'est l'influence qu'ont exercée depuis plusieurs années les *amateurs de tableaux*. Préalablement je dois déclarer que je mets une énorme différence entre le *connaisseur en peinture* et le *connaisseur en tableaux*. Celui-ci cède certainement beaucoup plus au penchant de son caractère qu'il n'est entraîné par la vivacité de son goût ; et quand il furette chez un brocanteur, dans les greniers d'une ancienne maison ou sur les murs d'une salle de vente, l'idée qu'il a, l'espoir qui le domine est de trouver un vieux chef-d'œuvre demeuré longtemps inconnu et qui représentera une somme d'argent considérable. Avant tout, l'amateur veut donc que le tableau soit enfumé, couvert d'une vénérable patine; puis il regarde comment la toile est tissée ou de quel bois est le panneau; puis il cherche, en frottant du doigt, s'il y a une signature ou un monogramme. Mais quant à la peinture et au charme qu'elle peut avoir, c'est ce dont notre homme ne s'occupe que quand il croit être certain d'avoir trouvé un vieux tableau de prix.

Certes, parmi les amateurs de tableaux, il y en a qui se connaissent en peinture; mais je n'en ai cependant pas connu un seul, des plus intelligents, qui ne se laissât prendre au charme qu'avaient pour lui une peinture bistrée, une *pochade* même bien enfumée, qui venaient d'être contrefaites la semaine précédente par un artiste vivant.

Aussi les amateurs de tableaux et les faiseurs de pastiches, deux produits de la décadence de l'art vers le commencement du xviie siècle, se portent-ils ordinairement un mutuel secours, comme cela vient d'avoir lieu en France depuis plusieurs années déjà. Mais l'accord semble parfait en ce moment, et c'est sans doute à lui que nous devons de voir à l'exposition cette multitude de *pochades*, imitations grossières des hardiesses de pinceau de Tintoret, de Salvator Rosa, du Mola, du Caravage et de Zurbaran, espèce de productions qui doivent nécessairement être de quelque prix aux yeux des amateurs, puisque l'invraisemblable jury de cette année en a placé un assez grand nombre dans le salon et les galeries d'en bas, et que l'on ne cesse d'en voir pendant toute l'année à travers les vitres des papetiers et des marchands de tableaux en boutique. Faire d'informes pastiches d'après des peintres de troisième ordre, pour solliciter les goûts ordinairement factices des amateurs qui passent, il y a loin de là à l'emploi que l'on faisait originairement de la peinture destinée à la décoration des églises et des édifices publics!

Ces deux points extrêmes déterminent d'une manière précise de combien de degrés la peinture s'est peu à peu éloignée de son véritable but, et si je calcule rigoureusement aujourd'hui l'énorme distance qui sépare ces deux points, c'est afin de prémunir contre l'entraînement si difficile à éviter de la mode des hommes heureusement doués, et qui font de louables efforts pour conserver à l'art toute sa dignité.

M. Chassériau, par exemple, s'est-il jamais rendu compte de combien de brasses il a dérivé depuis qu'il a quitté les principes qu'il reçut originairement à l'école de M. Ingres pour se lancer dans la peinture à la mode? Je dirais la peinture de M. E. Delacroix, s'il s'agissait des ouvrages de cet artiste ; mais, en conscience, quand un peintre imite la manière d'un autre au point où M. Chassériau l'a fait dans son tableau des *Cavaliers arabes emportant leurs morts*, ainsi que dans quelques petites pochades qui sont échappées à son pinceau, et que cet artiste fait abnégation complète de ce qu'il peut avoir d'originalité pour imiter celle d'un homme en renom, je suis bien autorisé à dire qu'il cède à la mode. M. Chassériau a un talent pittoresque dont il tirerait certainement de plus grands avantages si ses idées n'étaient pas si vacillantes, et surtout s'il comptait assez sur lui-même pour ne pas aller s'approvisionner chez les voisins. A cela près d'une certaine sauce rousse à l'usage de toute l'école coloriste de 1850, et que M. Chassériau a prodiguée dans ses *Cavaliers arabes*, ce tableau a du mérite. J'y voudrais moins de confusion dans les personnages, plus d'unité dans la scène et un effet plus simple ; enfin je désirerais que M. Chassériau, après avoir suivi les principes de celui-ci et imité celui-là, prît galamment le parti d'être lui-même, car il ne peut certainement qu'y gagner.

M. E. Odier ne compte pas non plus assez sur les ressources qui lui sont propres. Son style et sa couleur ne lui appartiennent pas complétement, et je l'engage aussi à céder avec plus de franchise à l'impulsion de ses idées, au sentiment que fait naître en lui la vue de la nature quand il se propose de la rendre. Cet artiste a peint un épisode du *Massacre des Mameluks* par Méhémet-Ali. On y voit deux cavaliers, dont l'un, frappé d'une balle, est soutenu par l'autre, fort beau sujet de peinture et que pour mon compte je préfère de beaucoup aux scènes à nombreux personnages. Seulement, quand ils sont en petit nombre dans un tableau, cela fait prendre au peintre l'engagement tacite de condenser sur deux ou trois figures la somme de talent et toutes les études dont on éparpille ordinairement les résultats sur une grande toile et dans une scène compliquée. On pourrait donc désirer dans l'ouvrage de M. E. Odier que le dessin fût plus sévère, le modelé plus ferme ; et l'on demande même la perfection de ces qualités, parce que l'ouvrage tel qu'il est, donne la certitude que l'auteur est en état d'y atteindre.

Il y a un peu d'indécision dans le sujet qu'a choisi M. Bigand, la *Charité*. Est-ce saint Martin qu'il faut reconnaître dans l'élégant cavalier qui jette son manteau à un groupe de femmes, d'enfants et d'hommes plongés dans la misère? C'est ce que je ne saurais décider. Quoi qu'il en soit, il y a dans ce tableau, particulièrement du côté où sont placés les pauvres, une imitation franche et énergique d'une nature inférieure sans doute, mais dont l'introduction dans ce tableau est justifiée par la nature du sujet.

On découvre des qualités fort recommandables dans l'*Abdication du doge Foscari*, de M. L.-N. Duveau, et cependant cet ouvrage ne produit pas sur le spectateur un effet qui réponde à son mérite. Plusieurs fois j'en ai cherché la cause, et je crois qu'elle résulte de ce que ce sujet, qui ne peut être bien compris qu'en connaissant les paroles du doge descendant l'escalier des Géants : *Mes services me l'avaient fait monter, la malice de mes ennemis me le fait descendre*, tient de l'anecdote plutôt que de l'histoire. Si mon observation est juste, le sujet choisi par M. Duveau perd, au lieu de gagner, à être traité avec des figures de grandeur naturelle. J'ai souvent dit, mais on ne saurait trop redire aux peintres, combien le choix de la dimension des toiles et des personnages, relativement à la nature des sujets, demande de tact et de réflexion. Les *Condamnés*, de M. C. Muller, les *Girondins*, de M. Philippoteaux, la *Procession de la Ligue* de M. Hesse, et enfin le *doge Foscari* de M. Duveau, gagneraient cent pour cent si les figures de ces tableaux n'avaient que dix pouces.

Chez tous les peuples, lorsque l'art commence, les différents degrés de l'importance morale des personnages sont exprimés par la dimension, qui va toujours en diminuant, depuis les divinités jusqu'aux êtres les plus humbles et les plus abjects, comme on peut s'assurer de ce fait en étudiant la sculpture égyptienne et grecque chez les anciens, et en particulier les mosaïques antérieures au xve siècle de notre ère, où Jésus-Christ, par exemple, a douze pieds de proportion, tandis que les apôtres sont réduits à cinq ou six, et les personnages en prière à deux ou trois. Je ne prétends pas dire qu'il faille remonter à ce principe, tout naturel qu'il soit cependant à la nature de l'esprit humain, mais on doit au moins en tirer cette conséquence, qu'en conservant les proportions relatives des figures d'une composition, le choix de la dimension à leur donner dépend en grande partie de l'importance morale plus ou moins grande du sujet.

Je pense que l'auteur de la *Mort de Jésus-Christ*, M. Dauphin, est un jeune artiste; aussi, tout en louant l'ensemble de sa composition, lui ferai-je observer, ce qu'il a peut-être reconnu déjà lui-même : que son coloris manque de cette vérité chaleureuse dont tant de jeunes peintres exagèrent aujourd'hui l'emploi. Il faut donc que M. Dauphin remonte et réchauffe sa palette, en étudiant avec soin les ouvrages de Titien, de Rubens et de Rembrandt.

Il y a deux tableaux représentant les *Macchabées* encouragés par leur mère à supporter le supplice avec calme. L'un est de M. La Salle des Bordes, l'autre de M. A. Girodon. Le tableau de ce dernier est très-vaste, et les figures sont de grandeur naturelle. La composition en est bien ordonnée, et les parties en sont soignées mais peut-être trop également. J'engagerai cet artiste, qui paraît aimer la peinture élevée, à varier les effets de son coloris, à donner plus de saillie aux formes, et enfin à manier son pinceau avec plus de liberté.

Si l'exécution des *Macchabées* de M. La Salle des Bordes laisse à désirer, la composition de cet ouvrage fait beaucoup d'honneur à cet artiste; elle indique tout à la fois que M. La Salle a l'intelligence de son art et le coup d'œil pittoresque. Mais c'est précisément parce que l'auteur des *Macchabées* possède ces qualités importantes, qu'il est indispensable qu'il redouble d'efforts pour acquérir celles qui les feront complétement valoir, comme l'étude approfondie du dessin, du modelé, et surtout du coloris, que M. La Salle néglige par trop.

J'ai déjà témoigné plusieurs fois le peu de goût que j'ai pour les foules en peinture, comme en réalité du reste; mais le tableau de M. Yvon représentant la *Bataille de Koulikovo*, gagnée en 1368 par un grand-duc de Moscovie sur les Tatares, me force de renouveler cette critique. J'ajouterai que je regrette toujours de trouver au livret une longue explication sur un sujet qui en dernière analyse est une *bataille* qui ne nous intéresse que si le sort de notre pays en a dépendu, si l'on y a assisté, ou si l'on a eu le malheur d'y perdre quelqu'un des siens. Comme la bataille de

Koulikovo nous est inconnue, et j'oserais dire parfaitement indifférente, nous n'y chercherons qu'un tableau. M. Yvon s'est fait connaître et remarquer par de fort beaux dessins d'après l'Enfer de Dante, et par d'autres représentant des scènes familières de la Russie. Ces dessins auxquels l'artiste en a ajouté de nouveaux qui figurent à cette exposition, ont quelque chose de grand et de magistral, dont l'aspect sévère, le style élevé et la touche mâle contrastent vigoureusement avec ces jolis crayons si fort à la mode aujourd'hui, qui nous montrent de petites dames couvertes de soie et de dentelles, pomponnées, chiffonnées et calamistrées à l'instar des beautés du temps de la Régence. On devait donc s'attendre que dans un grand tableau d'histoire M. Yvon mettrait les qualités qui distinguent ses dessins. En effet, sa bataille russe, considérée dans ses détails, présente les mêmes hardiesses et le même style grave que ses compositions sur papier; mais cet habile artiste ne manie pas le pinceau avec autant d'habileté que le crayon. Sa peinture manque de corps, son coloris de force et de fraîcheur; et dans une bataille où il y a tant de personnages, on aurait désiré que les masses de clair et d'ombre, plus vivement opposées, fissent ressortir plus nettement les groupes et les plans de cette vaste composition.

Il y a de la suavité et de la noblesse dans le *Christ au jardin des Oliviers*, de M. Vastine. M. H. Decaisne a peint avec talent le *Chancelier de l'Hospital* pendant la Saint-Barthélemy. On désirerait seulement que le modelé des têtes et des mains fût plus ferme et moins égal. Le *Martyre de sainte Catherine*, peinture habilement travaillée par M. Brune, a l'avantage ou l'inconvénient, selon les goûts, de rappeler la manière de Carle Maratte. Dans le tableau colossal de *Daniel dans la fosse aux lions*, par M. Herbstoffer, on distingue la tête d'un de ces animaux qui est très-bien peinte et pleine de vie. La *Nativité*, tableau, et les quatre grands *Évangélistes*, dessins de M. Galimard, sont des ouvrages traités convenablement à la nature élevée des sujets. On loue aussi la simplicité et la gravité du style qu'a employé M. Lavoine en représentant Jésus-Christ et l'*Incrédulité de saint Thomas*. Jésus-Christ enfant et montrant le ciel, par M. Tyr, mérite des éloges ; on voudrait seulement que cet artiste, élève de feu Orsel, eût plus de confiance en son talent et exécutât ses ouvrages avec plus de liberté et de verve. Sans approuver complètement toutes les parties du tableau de *Saint Vincent,* de M. Lecurieux, il y a cependant une certaine énergie dans l'exécution de cet ouvrage, qui le fait regarder avec intérêt.

Outre l'*Assomption* de M. Lehman, qui a droit à toute l'attention des amateurs de la peinture élevée, ce sujet a été traité non sans talent par M. Garriot, et a en outre fourni à M. P. Franque l'occasion de faire un ouvrage fort distingué.

Une composition sage, peut-être même un peu froide, mais qui rend bien le sujet qu'a choisi l'artiste, est le Christ qui réunit deux hommes divisés par la haine, et à qui il dit : « Aimez-vous les uns les autres. » Ce tableau, de M. Chazal, mérite des éloges et promet pour l'avenir.

On voit encore une *Piété,* modelée avec fermeté par M. Jollivet ; et, dans un genre tout opposé, une Laïs, à qui *Diogène* fait honte de son luxe en lui étalant sa pauvreté. Pourquoi M. Quecq, auteur de ce dernier tableau, n'a-t-il pas réduit ses personnages à la grandeur de huit ou neuf pouces? En traitant un pareil sujet, on ne peut raisonnablement espérer de le voir placé que dans une galerie ou un salon de particulier. Or, les appartements nouveaux peuvent-ils loger des tableaux de dix pieds? Je répéterai donc à M. Quecq ce que j'ai dit à plusieurs de ses confrères : qu'il prenne garde à la dimension qu'il donne à ses figures et à ses tableaux, parce qu'il se trouverait dans le même cas que cette ménagère imprévoyante qui, ayant pétri ses miches trop larges, ne put les enfourner.

Il faut absolument que M. Signol réveille ses tableaux par une exécution plus vive, plus énergique, et une imitation de la nature moins uniforme. Ses *Fantômes,* ses *Fées,* sa *Baigneuse Sarah,* et jusqu'à sa *Folle de Lammermoor,* toutes ces compositions, agréablement présentées quant à l'idée, manquent de corps et de vie.

M. Picou se tient volontairement dans le vague et l'indécis. Dessin, modelé, coloris et jusqu'à l'expression des personnages de ses tableaux, tels que *la Tentation, Quand l'Amour arrive, Quand l'Amour s'en va,* et *l'Esprit des Nuits,* tout y semble vu en songe, ou à travers une gaze. Qu'il y prenne garde! Jusqu'ici il a fait des tableaux gracieux, parce que l'on y distingue encore quelque chose; mais un peu au-delà, la peinture qui, en dernière analyse, ne vit, ne parle, ne touche que par l'expression bien prononcée des formes, se fâchera, et laissera là M. Picoux avec ses vapeurs et ses nuages.

Quant à M. Gérôme, il serait bon qu'il ne donnât pas dans l'excès contraire à celui que je viens de signaler. Il y a quelque chose de trop sec et de bien *cru* dans son *Intérieur grec*, quel que soit l'aspect, moral ou physique, sous lequel on envisage ce tableau. Mais je passerai sur le fond du sujet, comme j'ai mis de côté la pensée profonde de la vision de Zacharie et du Cantique des Cantiques, pour ne m'occuper que de la peinture. Je ne parlerai ni du coloris, ni de l'effet de ce tableau, où les carnations sont toutes du même ton, et où tous les objets, y compris les plus petits accessoires viennent, comme disent les peintres, *criailler* également à l'œil du spectateur. M. Gérôme, par son tableau du *Combat des Coqs*, s'était annoncé et fait avantageusement connaître, il y a quelques années, comme un dessinateur de la forme très-habile; mais, ainsi que beaucoup d'autres, j'avais remarqué dans cet ouvrage une disposition à l'exagération et au maniérisme. L'auteur augmenterait-il ce défaut ou s'en corrigerait-il avec le temps? Telle était alors la question qui, je le crains bien, n'en est plus une aujourd'hui. En effet, si l'on considère avec attention les femmes qui figurent dans cet *Intérieur grec*, et celle, entre autres, placée à la gauche, outre tout ce que sa pose offre de disgracieux, il est facile de reconnaître qu'elle exerce un mouvement impossible. Or, le dessin ne consiste pas à épurer un trait isolément, car c'est au contraire l'art qui a pour objet essentiel de rendre l'harmonie des mouvements, le rapport juste de tous les membres d'un être vivant, et, par suite, l'intention mentale de cet être, que son geste trahit. Parmi les artistes qui ne se sont point occupés de rechercher la beauté dans les formes, il y en a cependant qui ont été de très-habiles dessinateurs, tels que P. Veronèse, Rubens, Rembrandt, P. Potter et D. Teniers lui-même, parce que les mouvements de leurs personnages sont vrais, simples, exacts, et font reconnaître sur le champ ce qu'ils font ou ce qu'ils veulent faire, et ce qu'ils pensent. Or, il n'en est pas ainsi des femmes placées dans l'*Intérieur grec*, dont on ne peut pas deviner l'intention, même quand on a le secret de ce qui se passe dans le lieu où elles se trouvent.

Pendant l'une de mes promenades à l'exposition, le hasard m'a conduit de l'*Intérieur grec*, de M. Gérôme, au *Giaour*, de M. E. Delacroix; et en comparant ces deux ouvrages, malgré l'énorme différence de leur caractère, j'ai été frappé d'un défaut commun aux deux artistes qui les ont produits: celui de se préoccuper si exclusivement d'une partie secondaire de l'art, qu'elle leur fait négliger, omettre même complétement l'une de ses qualités les plus essentielles. Ainsi c'est la recherche du coloris considéré abstraitement qui empêche M. E. Delacroix de faire attention à l'art du dessin tel que je viens de le définir, et par conséquent à l'expression des sentiments, tandis que de son côté M. Gérôme leur fait des infractions non moins répréhensibles, par l'effet de l'entraînement aveugle avec lequel il s'attache à la forme partielle.

En mettant en présence, pour les comparer, la partie céleste de la *Dispute du Saint-Sacrement* de Raphaël avec l'*Apparition de l'Ange à Abraham* de Rembrandt et la *Messe miraculeuse* de Le Sueur, on a aussitôt la conviction que les idées de ces trois grands artistes planaient dans la même sphère, et que les légères modifications qu'elles ont reçues en étant exprimées, tiennent à des différences superficielles des langues familières à ces trois hommes, langues dont les mots ne se ressemblent pas, mais qui reposent sur une grammaire et une syntaxe qui leur sont communes. Et en effet, tout esprit droit et sincère reconnaîtra que, malgré toute la puissance du coloris de Rembrandt, son ange s'élevant dans les airs et présenté en raccourci ne produirait pas tout son effet vraiment magique s'il n'était pas admirablement dessiné.

Mais reposons-nous aujourd'hui ; car malgré l'activité et le zèle que je mets à découvrir ce qui mérite d'être mentionné dans cet immense chaos d'objets d'art entassés au Palais-Royal, je suis effrayé de la tâche que j'ai encore à remplir. Il reste à voir et à apprécier : les paysages, parmi lesquels il y en a de fort remarquables ; les genres anecdotique et familier que l'on traite si bien aujourd'hui ; les portraits peints et sculptés dont le dénombrement seul formerait un volume ; les dessins et les gravures, modes où les artistes français excellent, puis la lithographie, puis les fleurs, puis l'architecture, toutes branches de l'art qui ont droit à l'attention du public, et dont je désespère parfois de lui faire connaître l'état plus ou moins florissant.

VII.

PAYSAGE.

MM. P. FLANDRIN, ALIGNY, ADOLPHE VIOLLET-LEDUC, LÉON FLEURY, DECAMPS, DIAZ, COROT, PALIZZI, FRANÇAIS, FELON, JEANRON, BODMER, JULES ANDRÉ, WILD, CABAT, LAPITO, THUILLIER, LAMBINET, FEU T. BLANCHARD, ET MADEMOISELLE ROSA BONHEUR. — LE JURY.

25 février 1851.

Dans les livrets et les catalogues, mais surtout dans les examens critiques des salons que j'ai consultés pour tracer l'histoire sommaire des expositions, j'ai trouvé des passages écrits tout simplement il y a une centaine d'années, auxquels le temps a donné le sens le plus étrange aujourd'hui. Par exemple, dans un *Examen des principaux ouvrages exposés au Louvre en aoust* 1746, imprimé à La Haye l'année suivante, on lit cette phrase à la page 71 : « J'espère que les peintres célèbres dont la réputation est *ancienne et décidée*, tels que MM. Galloche, Courtin, Deslyen, du Mons, Boisot, Huilliot, Lebel, Poirreau et quelques autres, me pardonneront de ne pas parler de leurs tableaux exposés, car ce serait répéter les louanges que leurs ouvrages ont déjà reçues l'année dernière. »

A ces noms de Galloche, Huilliot et autres, très-fameux, à ce qu'il paraît, en 1746, mais tombés aujourd'hui dans un oubli profond, je me suis demandé si en effet il y a, en moyenne, trente célébrités durables par génération, comme je l'ai avancé; puis, quand en écrivant je fais l'éloge de quelque habile de notre temps, il me prend parfois une souleur à l'idée qu'ainsi que mon confrère de 1746, il serait possible que je vantasse quelque *Galloche* vivant, car, on n'en saurait douter, il y en a parmi nous.

Duplex libelli dos est; mais on peut tirer deux leçons utiles de cette brochure écrite il y a cent cinq ans; l'une dont je compte faire mon profit, en tâchant de ne distribuer mes louanges qu'à propos; l'autre, 'qui apprendra aux artistes à ne pas trop se fier à la célébrité contemporaine, s'ils aspirent à une gloire durable ; car tout, à l'époque où nous vivons, jusqu'aux mesures les plus bienveillantes des personnes chargées de l'administration des arts, semble conspirer à donner à la réputation viagère des hommes un prix si excessif, que cela les entraîne naturellement à négliger ces longues études par lesquelles seulement on peut espérer de faire des ouvrages hors des modes passagères, et qui aient la chance d'être goûtés par les générations à venir. Aujourd'hui surtout que les expositions et les récompenses annuelles ont surexcité la vanité et, il faut bien le dire, l'amour du gain chez les artistes, la grande affaire est d'achever le plus promptement possible un grand tableau d'apparat, traité dans la manière la plus en vogue à l'instant, afin de frapper un coup inattendu au salon, de surprendre au besoin la conscience du public, d'obtenir une récompense, et de se faire ce qu'on appelle un nom qui donne droit à des commandes. Telle est la préoccupation constante des artistes de notre temps; et je reviendrai encore cette fois sur ce que j'ai dit à propos de l'article 15 du règlement qui fonde une récompense de 4,000 fr. de rente, en affirmant de nouveau que cette mesure est plus qu'intempestive dans un moment où, s'il était possible de trouver moyen de diminuer le nombre des artistes, ce serait ce qui pourrait arriver de plus heureux pour l'art même, sans parler de l'État qui y trouverait son compte.

Mais, hélas! cet appât nouveau jeté par le règlement n'est que le corollaire inévitable de l'établissement du nouveau jury tel qu'il se trouve formulé en tête de ce règlement. Voici les trois articles qui le constituent :

« Art. 1ᵉʳ. A chaque exposition il sera formé un jury spécial pour statuer sur l'admission des ouvrages présentés.

« Art. 2. Ce jury sera nommé à l'élection *par les artistes exposants*.

« Art. 3. Le lendemain du jour fixé comme terme de rigueur pour l'envoi des ouvrages, chaque artiste sera admis, sur la présentation de son récépissé, et après avoir donné sa signature, à déposer dans une urne préparée à cet effet un bulletin contenant le nom des jurés qu'il aura choisis. Les jurés seront nommés à la majorité relative. »

Les jurys de cette espèce, ainsi que les concours publics, sont, en théorie, la plus belle chose du monde; mais il n'est personne aujourd'hui qui prenne le change sur leur inanité, et souvent même leur injustice, dans la pratique. On sait quels ont été les résultats de tous ces concours pompeux proposés il y a trois ans, sous le gouvernement provisoire. Aujourd'hui l'exposition de 1850, ouverte sous les auspices du nouveau jury, et dont la composition indigeste est due à ses lumières, démontre combien son institution est fautive, puisque sur 3,923 ouvrages reçus, il y en a au moins la moitié qui, de l'avis général, sont indignes d'être offerts aux regards du public, et qui par conséquent annullent presque entièrement l'effet des bons ouvrages avec lesquels ils sont mêlés. Rien ne peut justifier ce jury de 1850 de l'admission d'une foule de *pochades* informes, de *croûtes* même comme on n'en avait jamais vu à aucune exposition ; et si quelques membres de ce jury ont été si sévères à l'égard de ceux qui ont rempli la même tâche jusqu'en 1847, MM. les jurés de 1850 peuvent être assurés que l'immense majorité du public donne raison aux anciens et tort aux nouveaux.

Quant à moi, je n'adresserai ici qu'un reproche à ce dernier jury, mais il est grave. Parmi les ouvrages dans le style élevé, exposés cette année, il y en a un qui est du premier choix, s'il n'est pas, comme je le pense, la fleur de l'exposition : c'est le tableau des *Paysans fuyant la malaria*, de M. Hébert. Le mérite de cet ouvrage a été unanimement reconnu et publié le jour même de l'ouverture de l'exposition, et l'intérêt général qu'il a excité a empêché que l'on ne s'aperçût de la place relativement défavorable qu'on lui avait donnée, parce qu'un bon ouvrage au salon, ainsi qu'un convive distingué et spirituel à table, a toujours le secret d'attirer l'attention, si éloigné qu'il puisse être des places d'honneur. Mais enfin un jury nommé pour présider au placement des tableaux de ses confrères doit, en suivant ma comparaison, faire les honneurs de l'exposition, comme un amphitryon de bon goût fait ceux de sa table; et certainement la charmante composition de M. Hébert, d'une petite dimension et traitée avec une extrême délicatesse, aurait dû au moins occuper le bas d'un des quatre angles du salon au rez-de-chaussée. Non-seulement on ne lui a pas donné cette place, qui lui était si légitimement due, mais on l'a juchée au second rang de tableaux, à dix pieds du sol, dans la galerie du fond. Or, comme je ne puis admettre de mauvaise volonté de la part de MM. les jurés, on serait donc en droit de les taxer de légèreté ou d'ignorance.

Mais ce jury est mort-né. Et en effet, que peut-on attendre de bon d'une prétendue institution fondée sur moins que le sable? « Ce jury, dit le règlement, sera nommé à l'élection *par les artistes exposants*, » c'est-à-dire que le premier *rapin* habitant Paris, à qui il plaît d'envoyer un gribouillage peint ou dessiné, et à qui on fait mettre sa signature sur un registre, a le droit de donner sa voix et de concourir à la nomination des jurés. Tout le monde imagine, sans que je les énumère, les nombreux abus auxquels cette absurde pratique peut donner lieu ; et puis enfin, malgré tous les beaux semblants d'amour de la justice et de l'égalité, il résulte de ce règlement que tous les artistes français qui n'habitent pas la capitale ne prennent pas part au scrutin, ne sont pas représentés au jury, et se trouvent, par cela même, à la merci du bon ou du mauvais vouloir des artistes parisiens. Si les absents eussent été représentés dans le jury chargé de faire accrocher les tableaux, qui sait si l'une des places à hauteur d'appui, données, on ne sait pourquoi, à des ébauches plus que lâchées, telles que le *Giaour*, de M. E. Delacroix ; les *Femmes mauresques*, de M. Chassériau ; les *Botteleurs*, de M. J.-F. Millet, et les *Paysages*, de M. Th. Rousseau, ne serait pas occupée par le charmant tableau de M. Hébert, que le soin de sa santé retient à Besançon ? Évidemment, tout cela n'est pas beau, et le règlement qui, par son imperfection, favorise de pareilles injustices, n'a pas de durée possible.

Dernièrement j'ai promis de m'occuper des paysagistes, et le nom de M. Théodore Rousseau, qui vient de passer sous ma plume, me servira de transition pour aborder ce sujet. L'admission des ouvrages de cet artiste était assez régulièrement refusée par les jurys avant 1848. Depuis, mais cette année surtout, non-seulement ils font partie de l'exposition, mais plusieurs d'entre eux occupent des places centrales, très-favorablement éclairées, et à hauteur de l'œil du spectateur. Par conséquent, si ces paysages sont des chefs-d'œuvre, comme on l'a prétendu tant que le public n'a pas pu les juger, aujourd'hui qu'ils sont en pleine lumière, la vérité peut être facilement reconnue. Quant à moi, malgré mon goût vif pour la peinture et quelques connaissances acquises par la longue expérience que j'ai de cet art, je ne m'en rapporte jamais entièrement à mes premières impressions sans avoir consulté celles du public. Or les paysages de M. Th. Rousseau ayant été annoncés pour des chefs-d'œuvre, opinion que je n'ai nullement partagée après avoir vu ces *ébauches,* même aux places d'élite qu'elles occupent, j'ai eu la patience d'aller assez souvent me poster près d'elles pour compter, s'il était possible, les curieux qu'elles pourraient attirer et recueillir leurs avis. Eh bien, je le déclare hautement, parce que rien n'est si facile à vérifier, personne du public ne s'y arrête, personne ne les regarde, personne ne s'en soucie. Seulement j'ai vu arriver parfois un groupe de deux ou trois personnes, dont l'une s'efforçait de faire ressortir le mérite de ces *ébauches*, devant lesquelles ceux que l'on voulait initier aux profondeurs de cet art nouveau, de *cette foi nouvelle*, ouvraient de grands yeux où se peignaient l'incertitude d'abord, puis enfin l'aveu de leur insuffisance et de leur incrédulité. Pendant un mois et demi déjà qu'a duré l'exposition, j'ai renouvelé cette épreuve, qui m'a toujours donné les mêmes résultats; en sorte que, sauf erreur à laquelle je suis sujet comme tous les hommes, j'avoue que je ne comprends rien au système de peinture de M. Th. Rousseau, et que ses *ébauches* n'ont aucun charme pour moi. Quant à son système, celui de ne faire que des *ébauches lâchées*, au lieu de *tableaux*, je répéterai ce que j'ai déjà dit, que les grands maîtres de toutes les écoles ont fait des *tableaux terminés* pour le public, et que leurs esquisses, leurs ébauches, dessinées ou peintes, n'ont été connues et recherchées que quand ces hommes étaient arrivés à l'apogée de leur talent, et plus encore après leur mort. Dans ce dernier cas, une esquisse, le moindre trait même d'un grand artiste, devient précieux au même titre qu'un vêtement ou une lettre d'un ami mort dont nous conservons un religieux souvenir. M. Th. Rousseau juge à propos de commencer par où les maîtres finissent; il ne lui reste donc plus qu'à faire des chefs-d'œuvre terminés, pour donner à ses ébauches, à ses pochades en paysage le mérite et le prix que les admirateurs de cet artiste leur attribuent.

Des sept paysages ébauchés de M. Th. Rousseau, il n'y en a réellement qu'un, celui où se trouvent une vache noire et une rousse au milieu, que les plus zélés de ses louangeurs donnent comme un témoignage complet du talent de cet artiste. C'est aussi celui auquel le jury si éclairé, si impartial de 1850 a offert la plus belle place de la galerie du fond, au rez-de-chaussée. Eh bien! dussé-je faire tort à mes connaissances, je dirai que cette ébauche, peut-être un peu plus avancée que les autres à la partie centrale où sont les fameuses vaches, a pour défaut capital de ne présenter qu'un fouillis d'arbres, de roches, de mauvaises herbes et d'animaux, sur lesquels la lumière est plaquée d'une manière si uniforme, ainsi que le ton local de chaque objet, que toutes les parties de cet ensemble se confondent, et qu'il est à peine possible d'en prendre une idée autrement que par une analyse minutieuse et fatigante faite à un pied de distance de la toile. Il ne serait pas impossible que M. Th. Rousseau mesurât aujourd'hui tout l'arriéré de reconnaissance qu'il doit aux anciens jurys; ceux-là ne l'ont point trompé; tandis que celui de 1850, au contraire, lui a joué un tour perfide, non-seulement en admettant ses ébauches à l'exposition, mais en faisant occuper à l'une d'elles la place d'un bon tableau.

Maintenant entrons sérieusement en matière. Le paysagiste le plus distingué aujourd'hui, celui dont les ouvrages ont le plus de valeur comme objets d'art, est M. Paul Flandrin. On voit de lui cette année cinq compositions dont les lignes sont belles et gracieuses, et dont l'exécution est pleine de vérité et de délicatesse. Je serais assez embarrassé de choisir entre *la Montagne*, *les Bords du Gardon*, et *le Chemin creux*, si *le Berger* ne présentait pas, outre les qualités de ses frères, un charme qui lui est particulier. Ces hautes futaies qui se dessinent majestueusement sur un ciel d'azur, la pente douce de ces gazons ombragés par des arbres touffus dont on ne voit que la cime éclairée, cette fraîcheur pénétrante et mystérieuse des bois, *gelidum nemus*, tout ce que l'on voit, tout ce que l'on sent enfin au milieu d'une épaisse forêt, M. P. Flandrin l'a rendu sur une petite toil dont l'aspect est cependant plein de majesté, et ces cinq petits tableaux font le plus grand honneur au pinceau de l'auteur, qui me semble avoir singulièrement perfectionné son coloris et son exécution.

Dans ce genre élevé de compositions champêtres, il y a encore deux hommes qui se sont distingués, MM. Aligny et Desgoffes. Cependant, entre les paysages comme on les *poche* aujourd'hui, et ceux où l'on s'en tient à tracer fidèlement des contours de montagnes à peine soutenues par l'étude du modelé et le charme du coloris, il y a un terme moyen que Nicolas Poussin a fait connaître par ses paysages, en deçà duquel il y aurait de l'imprudence à remonter; or les deux artistes que je viens de nommer possèdent certainement toute la science nécessaire pour joindre au mérite si rare aujourd'hui de composer et de dessiner sévèrement de beaux sites, celui de les éclairer, de les modeler et de les colorier avec charme.

Parmi les artistes appartenant aux générations nouvelles, il en est peu qui semblent disposés à cultiver l'art du paysage élevé; aussi dirigerai-je l'attention du public sur *le Matin au lac Némi*, de M. Adolphe Viollet-Leduc, ouvrage qui se distingue par une étude attentive de la nature et une exécution tout à la fois sage et élégante. Les lignes de la composition sont simples, mais heureuses : le ciel est bien en rapport avec la terre et les eaux ; et dans ce joli tableau il règne une harmonie qu'aucun détail indiscret ne vient troubler. On pourrait certainement désirer des devants accusés avec plus de précision et d'énergie ; le modelé des masses recevant la lumière est quelquefois trop uniforme, et un œil délicat demanderait parfois une exactitude plus rigoureuse dans la diminution perspective des objets à chaque plan ; mais ces légères incorrections, que l'on ne découvre qu'à cause de l'ordre et de l'harmonie qui règnent généralement dans cet ouvrage, ne sont indiquées ici que pour inspirer au jeune artiste cette ardeur incessante dont il faut être animé quand, ainsi que M. Adolphe Viollet-Leduc, loin de vouloir jeter de la poudre aux yeux par une facilité anticipée, on se propose au contraire de faire réellement bien et de se rendre digne des louanges des véritables amateurs des arts.

Dans un genre plus tempéré, mais d'une main très-habile, M. Léon Fleury a fait un des jolis paysages de l'exposition. Rien n'est plus simple que son sujet ; c'est une prairie au milieu de laquelle s'élève un groupe d'arbres entouré de vaches qui paissent ou se reposent à l'ombre. Il règne dans ce tableau une harmonie qui en fait le charme, car les lignes en sont peu accentuées et le terrain est sans accidents ; mais c'est ce qui fait ressortir le mérite du tableau de M. Léon Fleury, car il n'est pas donné à tous de relever un sujet simple par l'élégance du style et la pureté d'exécution.

Deux sujets traités par M. Decamps, un *Fuite en Égypte* et une *Chasse* dont les paysages se lient immédiatement à ces deux scènes, sont des ouvrages très-distingués, où il règne une poésie un peu sauvage, mais qui laisse une impression vive et durable.

On aime aussi un *Coucher du soleil* de M. Diaz, dont la couleur est si vraie. Si à cette qualité le peintre avait ajouté celle d'une exécution plus fine et moins vague, que ce serait un joli tableau ! Tel qu'il est, ce n'est qu'un charmant croquis peint.

En peinture comme dans les lettres, ce n'est que par la pureté du style et de l'exécution que l'on donne de l'importance et de la durée aux ouvrages. L'idée, comme on l'a dit tant de fois, n'est rien dans les arts si on ne la formule pas avec énergie et clarté par la puissance de l'expression. Il n'est donc pas impossible qu'il y ait plus de vérité et de charme dans l'ensemble des tableaux de M. Corot que dans ceux de Winance et de Karl Dujardin ; mais c'est une question que l'on peut se donner à résoudre que de savoir si, malgré ce charme très-réel que notre paysagiste contemporain a mis cette fois encore dans ses ouvrages, son exécution suffit à sa pensée. Lantara, qui ne savait pas faire la figure, représentait de préférence l'heure de midi, *par la raison*, disait-il, *qu'à ce moment du jour tout le monde est à la messe*. Je pense que M. Corot a des raisons plus solides à faire valoir pour justifier le vague de son exécution ; et l'on désirerait qu'il fît une bonne fois un paysage où la nature serait exactement rendue, afin de démontrer qu'il exécute non pas comme il peut, mais comme il veut.

La peinture facile, lâchée, la pochade enfin, déborde tellement dans le genre de l'histoire et jusque dans le paysage, qu'il est temps d'opposer une digue à ce torrent de tableaux improvisés dont on nous inonde. Que dire de la prédilection du jury qui a reçu et placé au rez-de-chaussée, sous l'œil du spectateur, la pochade intitulée *les Fa-*

neuses, l'autre *les Arabes nomades,* et enfin une *Cafetière* en cuivre, grossièrement tartouillée, qui figure dans je ne sais laquelle des trente-quatre salles du premier étage?

Quand on a vu des peintures si monstrueuses, l'œil a besoin de se reposer ; et c'est alors que l'on est heureux de rencontrer des paysages et des animaux comme ceux qu'a peints mademoiselle Rosa Bonheur. De telles productions non-seulement flattent la vue, mais remettent les idées en ordre. On retrouve des ciels comme on en a vu, des buissons d'aubépine en fleur qui rappellent le vrai printemps, des animaux qui vivent, qui respirent, et dans les yeux desquels on lit l'espèce de conscience qu'ils semblent avoir du repos et du bien-être qu'ils goûtent. Dans ces gracieux et savants tableaux, le pinceau a si religieusement obéi à la pensée, que la touche et tous les efforts laborieux de l'artiste, au lieu de troubler l'attention du spectateur, la favorisent. Voilà de l'art !

Combien les ouvrages de M. Pallizzi, qui peint aussi les animaux avec un vrai talent, gagneraient de prix s'ils n'étaient pas hérissés de touches épaisses qui donnent à ses toiles l'apparence d'un mur qu'on a oublié de crépir ! Cet artiste a assez de mérite pour ne pas se soumettre à la mode qui s'est introduite, depuis quelques années, de *maçonner* les tableaux au lieu de les peindre ; et s'il étudie *le Taureau* de grandeur naturelle de Paul Potter, il se convaincra que le pinceau d'un véritable artiste peut être énergique sans être brutal. Je donnerai encore un conseil à M. Palizzi, en lui recommandant de ne pas éparpiller la lumière. Certes son grand tableau des *Chèvres* paraîtrait plus lumineux s'il était moins également éclairé.

Deux tableaux de M. Français, *les Bords du Teverone* et *une Prairie* près de Rome, sans parler de plusieurs beaux dessins faits également en Italie, composent le tribut que cet habile et élégant paysagiste a apporté à l'exposition de cette année. Les ouvrages de M. Français se distinguent par une grâce particulière qu'il répand jusque sur les plus petits détails de ses tableaux. Toutefois il ne faut pas abuser de cet avantage ; et certains pays, les environs de Rome entre autres, ont quelque chose d'âpre et de sauvage qui leur prête un charme indéfinissable que l'on ne saurait leur conserver avec trop de soin.

J'ai toujours reconnu un mérite réel dans les ouvrages de M. Troyon, sans que j'aie jamais pu me faire, même cette année, à la peinture fantasque et tant soit peu *pochée* de cet artiste. Je comparerais volontiers certains peintres, dont l'exécution bizarre détourne l'attention du sujet véritable de leurs tableaux, à ces hommes qui, pleins de sens, et s'exprimant même au fond avec talent, ne se font écouter cependant qu'avec impatience, parce qu'ils bégaient ou font des grimaces nerveuses en parlant. Il y a certainement un vrai mérite dans le *Troupeau de moutons* et dans les autres ouvrages de M. Troyon, mais l'exécution en est fautive.

J'ai fait une remarque singulière sur l'ensemble des paysages exposés cette année. Parmi ceux qui méritent attention, il y en a plus des deux tiers dont les horizons sont plats si la vue s'étend au loin, ou, ce qui est plus fréquent encore, qui n'en ont point du tout, parce que des arbres ou des monticules rapprochés les cachent. Or, cette dernière disposition semble être particulièrement affectionnée par les paysagistes tartouilleurs, qui sont assez nombreux. Pas d'horizon! autant dire pas d'espoir, pas de poésie; car l'âme d'un paysage flotte toujours sur la ligne mystérieuse de l'horizon qui se dessine sur le ciel. Ce qui éveille, ce qui fait marcher et bondir l'imagination à la vue d'un pays ou du tableau qui le représente, ce sont ces plans, ces aspérités qui se succèdent, s'entrecoupent, se montrent, disparaissent et font voler l'imagination du spectateur jusqu'au dernier point visible de la terre, que les vapeurs atmosphériques confondent avec l'immensité du ciel. Aussi, quelle belle leçon pour les paysagistes que ces vers de Pétrarque :

> Di pensier in pensier, di monte in monte,
> Mi guida amor.....

« De pensée en pensée, de montagne en montagne, l'amour me guide! » Plus on veut faire valoir, dans un paysage, le charme d'une solitude profonde, et plus il est indispensable de ménager quelque espace, quelque trou, si petit qu'il soit, au moyen duquel on ait une échappée sur l'horizon. Là est toujours le sens et la poésie d'une composition champêtre; et, pour le dire en passant, cet emploi intelligent des horizons est une des qualités qui distinguent les paysages de M. Decamps.

Il y a une composition charmante de M. Felon : c'est une jeune fille qui se baigne. La terre, et par conséquent la figure, sont dans le demi-ton, et des arbres se détachent en brun sur le ciel au moment où le soleil se couche. La figure est gracieuse, naturelle et élevée de style tout à la fois, et l'ensemble de cet ouvrage est plein de charme. Je ne demande pas qu'un tableau soit léché comme ceux de Miéris ou de Metzu ; mais comment se fait-il que M. Felon, en peignant une figurine de trois pouces sur une toile d'un pied et demi, n'ait pas senti qu'il fallait proportionner sa touche à la délicatesse de son sujet ? S'il y avait dans la jolie petite *Baigneuse* de M. Felon la vingtième partie du soin d'exécution que M. Meissonier met à perfectionner ses ouvrages, ce serait un tableau remarquable.

Parmi les paysages à horizon plat, *les Bergers* placés sur des monticules en vue du port abandonné d'Ambleteuse ont fourni à M. Jeanron l'occasion de faire un bon tableau. L'œil, en se promenant sur ces plages grises, sur cette mer lugubre, jette l'âme dans une tristesse vague qui, je le sais, n'est pas sans charme. Cependant, lorsque ma vue s'est fixée quelque temps sur ces solitudes humides et sans couleur, j'ai besoin de réjouir mon imagination par quelques souvenirs brillants. Je me retrace le spectacle de ce beau miroir bleu que forme le golfe de la Spezzia, et au-dessus duquel se développe des deux côtés une mer azurée comme le ciel. Comme dit une vieille chanson :

> Oh soleil! divin soleil!
> Jamais tu n'eus ton pareil!

Rien ne justifie mieux ce dicton : *les extrêmes se touchent*, que la plupart des vues faites en Afrique ou au midi de l'Espagne, dont l'aspect désolant des campagnes désséchées par la chaleur porte la tristesse dans l'âme au même degré que la vue des pays du nord. Sans parler de l'incroyable laisser-aller d'exécution des tableaux de M. Fromentin, qui peut s'endormir tranquillement après avoir vu ces espèces de larves, de spectres qu'il a intitulés *Arabes nomades*, *Femmes revenant de puiser de l'eau*, qui se traînent sur un sol aride et couleur de cendre comme les personnages? Quelle étrange idée que de choisir de préférence, pour les représenter, des sujets où l'homme se trouve momentanément forcé de vivre comme les bêtes de somme ou comme les insectes qui vont toujours cherchant leur nourriture sur le sol!

Il y a quatre *Vues faites à Elche*, en Espagne, par M. Balfourier. Ce pays est bien sec aussi; mais l'auteur en donne les représentations sous le titre modeste d'études, et en les considérant ainsi, il y a des encouragements à donner à ce jeune artiste, qui s'efforce de bien faire. Je l'engagerai donc à ne pas peindre avec des couleurs si épaisses; qu'il se garde de *maçonner* sa peinture comme tant d'imitateurs de M. Decamps le font aujourd'hui, et qu'il reste lui-même.

L'*Intérieur d'une forêt* en hiver, peint par M. K. Bodmer, est un ouvrage étudié avec soin et qui fait honneur à l'artiste. Ces immenses squelettes d'arbres vus à travers le givre sont bien rendus, et quoique j'aime mieux que le soleil échauffe un paysage, j'ai regardé la forêt glacée de M. Bodmer avec un certain plaisir.

Plusieurs paysages de M. Jules André, dont le plus grand et le plus remarquable est dans l'une des galeries du rez-de-chaussée, sont dignes de la juste réputation que s'est acquise cet artiste. Je tiendrai le même langage au sujet des *Vues de Venise*, de M. Johant, et des remarquables Vues de Londres, de Bruges et de Rouen, par M. Justin Ouvrié. M. Dagnan a aussi reproduit heureusement des *Aspects du lac de Neuchâtel*, d'Interlaken et de Grenoble; et M. A. Benouville, fidèle encore à l'Italie, a peint un très-beau site de l'*Ariccia*.

Plusieurs artistes d'un mérite généralement reconnu, et dont le talent est parvenu à toute sa maturité, concourent aussi à soutenir l'éclat d'une exposition que tant d'ouvrages médiocres obscurcissent. Tels sont M. Flers, qui a peint des sites de France; M. Wild, auteur de vues de Venise et d'un tableau remarquable représentant le port de Gênes; M. Lapito, qui a choisi ses sujets à Fontainebleau et dans les Basses-Alpes; M. Thuillier, qui a appliqué son talent correct et énergique à reproduire des sites de la Touraine et des bords de l'Orne, puis M. Wattelet, auteur d'une *Vallée de l'Inn*, dans le Tirol.

On peut voir plusieurs tableaux de M. Cabat: *Les disciples d'Emmaüs*, *les Chèvres*, et *un bois*, productions où la sévérité du style s'allie à la grâce de l'exécution; mais on paraît faire un cas particulier de la composition (433) perdue dans l'une des trente-quatre salles du premier étage, où l'on aperçoit à travers un groupe d'arbres, un champ de blé. Ce paysage est plein de charme.

Il y a plusieurs années déjà que M. Lambinet a fixé l'attention des connaisseurs par ses ouvrages; mais cette fois il s'est plus particulièrement attiré leurs louanges. Ses vues *du Chenay*, près Versailles, de l'*Étang de Ville-d'Avray* et sa *Matinée de printemps* sont des compositions traitées avec grâce et simplicité. Ce que je recommanderais seulement à M. Lambinet serait de ne pas se laisser aller à la manie dominante de quelques paysagistes, qui croient faire plus lumineux en multipliant les épaisseurs de couleur.

Il y a des éloges à donner à M. Prieur pour son *Orage* et son *Intérieur de forêt*, remarquables par l'étude consciencieuse de la nature. M. Chevandier de Valdrôme, dont j'ai signalé les paysages aux expositions précédentes, est en progrès, et ceux qui ont du goût pour le paysage grave et élevé prendront plaisir à voir *les Marais Pontins*, *la Vallée d'Égérie* et *le Ruisseau de Pescarella*, que cet artiste a exposés cette année.

Parmi les paysages de M. Trouvé, il y en a un représentant *une femme lisant au soleil*, dont l'effet difficile à reproduire, est rendu avec talent. M. Grolig a représenté des sites de l'*Algérie* et de *Norwége* peints avec habileté, et qui donnent une idée de la flexibilité de son talent. Graves, sévères et même un peu trop tristes sont les compositions champêtres de M. T. Salmon, dont la *Sainte Geneviève gardant les moutons* est la plus importante. Malgré la poésie et le coloris trop sombres qui règnent dans cet ouvrage, on y trouve cependant à l'examen un mérite réel. Entre les paysagistes qui font plus particulièrement entrer les animaux dans leurs compositions, il ne faut pas oublier M. Coignard qui, dans quatre tableaux exposés cette année, a su employer ces riches accessoires d'une manière très-heureuse.

Je signalerai encore une *Vue de Venise* très-habilement peinte par M. Ziem, auteur d'une *Corbeille de fruits* qui a été également remarquée par les connaisseurs; puis plusieurs paysages, sites de France, ouvrages pleins de vérité, de M. Daubigny, dans lesquels on désirait cependant trouver plus de sévérité d'exécution.

Mais je termine ici mon examen, car il me reste encore à rendre hommage à la mémoire d'un paysagiste de talent, mort à la fleur de l'âge, et dont on voit trois tableaux à l'exposition : *une Corbeille de fleurs*, une *Femme normande* et un site des *environs de Paris*.

Feu Émile-Théophile Blanchard reçut les premières leçons de son art de M. Rémond. A peine sorti de l'adolescence, il alla étudier la nature dans le Dauphiné, d'où il rapporta de belles études. Riche de ce qu'il avait recueilli dans ses voyages, il obtint bientôt après le second grand prix de paysage à l'École des Beaux-Arts, lorsqu'il n'avait encore que dix-neuf ans, et l'année suivante, 1842, il exposa au Salon l'*Intérieur d'une forêt,* qui lui fit prendre rang aussitôt parmi les peintres distingués, lui valut des récompenses honorifiques et de nombreux travaux, dont quelques-uns ornent le château d'Eu. La noblesse et l'élégance soutenues par une étude toujours consciencieuse de la nature donnent un caractère particulier aux productions de Th. Blanchard et les font priser également par les artistes et les amateurs. C'est lorsque ses ouvrages avaient déjà acquis ce degré d'estime et comme il se préparait à faire prendre un nouvel essor à son talent, qu'en 1849 la mort vint le frapper à l'âge de vingt-huit ans, après une maladie de deux mois.

VIII.

PORTRAITS.

MM. LEHMANN, FAIVRE-DUFFER, AMAURY-DUVAL, H. FLANDRIN, JALABERT, PÉRIGNON, H. SCHEFFER, COURBET, DUBUFE, VIDAL, H. VERNET.

21 mars 1851.

L'exposition a été fermée le 26 février pour renouveler le placement des tableaux, et on l'a rendue au public le 6 mars. Aucun des changements qui ont été faits ne donnant lieu à des observations nouvelles d'un intérêt qui se rapporte directement à l'art pris en général, et le fait de la petite vacance de huit jours étant constaté, nous poursuivrons le cours de notre examen en traitant des portraits.

Le goût du *naturalisme,* si pernicieux pour l'art élevé, nuit beaucoup moins, comme on peut s'en rendre compte, aux peintres de portraits qui ne se proposent que de rendre la figure humaine avec naïveté. Jusqu'à un certain point même, le *naturalisme* favorise leurs efforts, parce que, travaillant pour des personnes qu'ils ont un grand intérêt à satisfaire, les portraitistes sont, par cela même, garantis des inconvénients d'une imitation trop vulgaire et des excès de la facilité. Le genre du portrait se trouve donc soumis à des convenances, à des lois qui font sans doute produire des ouvrages ridicules aux gens médiocres, mais que les hommes de mérite font tourner au profit de leur talent.

Il y a certainement une grande quantité de mauvais portraits à l'exposition; cependant, en concentrant son attention sur le nombre assez grand des bons ouvrages en ce genre, on peut alors hardiment avancer que si le jury eût été raisonnablement sévère, on trouverait dans les galeries de cinquante à soixante portraits dont le mérite est tout à fait remarquable; tellement même que je ne suis pas éloigné de penser que ce mode de l'art est aujourd'hui l'un de ceux dont la culture est la plus régulière et la plus avancée.

Mais cette régularité et ce progrès sont dus en grande partie, il faut le dire, à la pression toujours plus forte qu'exercent depuis dix ans environ, sur l'imitation dans les arts, deux puissances scientifiques qui agissent fatalement, je veux dire le daguerréotype et la *photographie*, avec lesquels les artistes sont déjà obligés de compter. Ainsi ils doivent tous savoir que désormais ce serait perdre follement du temps et de l'argent que d'employer la main de l'homme le plus habile à reproduire par le dessin les vues et la représentation de pays, de villes, d'édifices, de statues, etc., et même des personnes, des animaux et des plantes dont on a besoin d'avoir la configuration, soit pour satisfaire la simple curiosité, soit dans le but de favoriser les études scientifiques de tout genre.

Ceci est un fait déjà avéré; mais il en est un autre qui, je le crois bien, ne sera pas plus contesté d'ici à quelque temps : c'est la faculté d'obtenir des portraits tout à fait satisfaisants sur papier, par le procédé de la photographie substitué au daguerréotype. Et si, comme on s'en flatte déjà, on parvient à joindre à l'exactitude des formes et à la juste distribution des lumières et des ombres la couleur des objets, tous les ouvrages où l'on se propose pour but l'imitation exacte de la nature, comme le portrait et les scènes dites de genre qui ont fait la gloire de Van Ostade, de Steen et de Gérard Dow, rentreront nécessairement dans le domaine des instruments de physique.

On trouvera peut-être ma prédiction quelque peu aventurée; mais dans un moment où la peinture de pure imitation est l'objet de l'engouement général, et où tout semble concourir fatalement à multiplier le nombre des artistes, il est bon, je crois, de faire savoir qu'il y a quelques branches de l'art, comme la gravure, la lithographie, le genre et le portrait dont l'existence est déjà très-menacée.

Mais après cette excursion faite dans l'avenir, revenons au présent, et occupons-nous de ceux de nos artistes qui ont traité le portrait avec le plus de distinction. Je signalerai d'abord M. Lehmann, qui a exposé neuf ouvrages de ce genre parmi lesquels il y en a quelques-uns de petite dimension. Tous méritent des éloges; cependant je préfère ceux qui sont de grandeur naturelle, et en particulier le buste d'une dame brune dont la physionomie, quoique calme, laisse deviner la vie intérieure et le travail de l'intelligence. Dans ce beau portrait, l'artiste a su joindre au charme du pinceau un dessin ferme et un modelé savant qui témoignent des études sérieuses que M. Lehmann ne cesse de faire pour perfectionner son talent. Aussi cet ouvrage a-t-il été, ainsi que les autres du même genre, très-favorablement accueilli par le public, et l'on regrette seulement que le portrait de mademoiselle Cheuvreux-Aubertot, que quelques amateurs ont vu dans l'atelier de l'artiste, n'ait pas pu être exposé publiquement, parce que cette peinture, très-agréable à voir, pleine de vivacité et d'éclat, eût fait connaître le talent de l'auteur sous un nouveau jour.

Une jeune femme en pied, vêtue en soie blanche et se détachant sur un fond gris de perle, a fixé et fixe encore l'attention dans le grand salon. Cette peinture pleine de charme est de M. Faivre-Duffer, élève de feu Orsel. Parmi les qualités qui distinguent cet ouvrage, il en est une précieuse, c'est la sobriété des ajustements et des accessoires, deux ressources dont on abuse presque toujours dans les portraits, surtout dans ceux des dames. A ce sujet je ferai une remarque dont les artistes pourront peut-être profiter, c'est qu'il n'y a rien de plus contraire à la durée d'un ouvrage de peinture que l'emploi que l'on y fait des modes; et comme malheureusement plus les dames occupent un rang élevé dans le monde et plus elles sont exposées à se soumettre aux goûts éphémères, plus aussi les représentations qu'on laisse d'elles et de leurs toilettes paraissent bizarres et ridicules quelques années après. Pour appuyer ma remarque, je citerai les portraits de plusieurs très-grandes dames, tels que ceux de Jeanne d'Aragon, par Raphaël; de Marie de Médicis, par Pourbus; des princesses de la cour de Henri IV, par Rubens; des infantes d'Espagne, par Velasquez; de la reine, femme de Louis XIV; de Leczinska, femme de Louis XV; de Marie-Antoinette, peinte par madame Lebrun, etc.; et l'on se convaincra que la hideuse étrangeté des divers costumes à la mode que portent ces grands personnages dissimule les formes humaines au point de n'y retrouver des femmes que là où l'on aperçoit leur visage et le bout de leurs doigts. Cela est fâcheux à dire; mais en peignant des femmes du commun, des grisettes, et celles enfin dont les vêtements trahissent les formes, les artistes ont plus de chance de faire des portraits durables.

Outre les éloges que méritent les portraits que peint M. Amaury Duval, c'est une justice à rendre à cet habile artiste que dans le choix des accessoires qu'il y introduit il a toujours le soin et le bon goût de les ajuster avec une élégante simplicité et de manière à laisser jouer au visage et aux chairs de ses modèles le rôle principal. Cet artiste a exposé deux portraits de femme, l'un présenté de trois quarts, l'autre de profil. Dans ce dernier surtout, il y a une finesse de contour et une énergie d'expression que l'on trouve rarement à un si haut degré, même dans les meilleurs ouvrages de ce genre.

Parmi les portraits traités avec science et simplicité, on remarque encore deux frères, peints sur la même toile par M. Hippolyte Flandrin.

M. C. Jalabert s'est fort distingué cette année par plusieurs portraits, dont deux entre autres, celui d'un magistrat et d'une dame vêtue de noir, brillent de qualités tout à fait remarquables. Ce dernier a surtout fixé également l'attention du public et des artistes, faveur rarement obtenue; et en effet l'exactitude du dessin, la justesse et la largeur du modelé, la vérité du coloris, ainsi que le calme noble et gracieux de l'expression, tout concourt dans cet ouvrage à le rendre attrayant. Il s'y trouve en outre une qualité que je louerai d'autant plus volontiers qu'elle est rare aujourd'hui : c'est l'exécution, le faire qui est si large et si simple, qu'il se laisse oublier, et ne sert qu'à faire ressortir les traits et la belle expression de la personne représentée.

Un autre buste représentant une jeune dame tenant un petit chien est l'ouvrage de M. Ricard, et cette peinture, quoique moins forte et moins solide que la précédente, a cependant un éclat, une vérité de coloris et une vivacité d'expression qui la feront regarder avec plaisir pendant tout le cours de l'exposition.

Les sept portraits, dont six de dames, produits par M. A. Pérignon, méritent d'être loués; ils sont étudiés avec soin, peints avec beaucoup d'agrément, vrais d'expression, et d'une exécution large et simple, qualité, je le répète, qui devient rare. Il y a encore une *étude* de femme du même artiste qui mérite une mention toute particulière.

M. Chaplin est encore un habile portraitiste, mais il sacrifie trop au goût général que l'on a pour la touche légère et facile. Cet artiste a le défaut et la qualité qui se trouvent si fréquemment réunis chez la dernière génération de nos artistes : il se pervertit le goût en étudiant les peintres de l'époque de Louis XV, et donne à la facilité de l'exécution un éclat et une importance qui peuvent séduire pendant quelque temps, mais ne s'accordent jamais avec les qualités solides que doit avoir un ouvrage durable. Dans le cas où M. Chaplin ne prétendrait qu'à devenir un portraitiste en vogue, je n'ai rien à dire, et il est près d'avoir atteint son but; mais s'il veut peindre sérieusement le portrait, alors je lui conseille de refaire connaissance avec ceux qu'ont laissés Raphaël, le Titien, Rubens et Rembrandt.

Il y a un ou deux portraits de femme, par M. Signol, qui sont traités avec délicatesse. M. Roller, qui se distingue par une étude consciencieuse de la nature, a donné un témoignage marquant de son habileté par un buste d'homme dont le fini précieux n'ôte rien de la largeur d'aspect à l'ensemble de l'ouvrage. Quant à M. P. L. Delaval, on lui doit le portrait le plus ressemblant que l'on possède de Châteaubriand, ouvrage fait d'après nature par l'artiste à l'époque du couronnement de Charles X. Les amateurs de pastel se plairont à voir les ouvrages que MM. P. Giraud et Borione ont faits dans ce genre.

Jusqu'à ce moment je n'ai encore rien dit de M. Landelle, dont les ouvrages ont cependant été fort goûtés. Ce retard vient du mode particulier de peinture que cet artiste affectionne; car dans ses portraits, comme dans les sujets historiques qu'il traite, il laisse toujours tellement régner la teinte de son imagination, que l'on éprouve quelque difficulté à classer ses productions dans une catégorie bien distincte. Or, il ne faut pas s'y tromper, cette remarque n'est point un reproche, elle explique seulement mon indécision. En effet, la *Sainte Véronique* et le *Jésus-Christ* accompagné de saint Paul et de saint Jean, peints par cet artiste, quoique grandement conçus et exécutés, portent cependant un certain caractère de grâce et de tendresse qui donne à ces sujets une physionomie toute particulière. Cette qualité se retrouve naturellement dans une *Femme mauresque*, dont les traits un peu sauvages semblent être adoucis par l'oisiveté du sérail. Quant aux trois ou quatre portraits de femmes de M. Landelle, ils doivent certainement être placés au nombre des plus gracieux et des plus habilement peints de l'exposition. Ces éloges sont donnés franchement; mais précisément parce que je pense que l'artiste les mérite, je conseillerai à M. Landelle, ainsi qu'à tous les jeunes gens de talent, de se tenir en garde contre l'abus des compositions gracieuses, et de ne point se laisser aller à l'appât trompeur de la facilité : ce sont les deux écueils où l'on risque d'échouer aujourd'hui.

Je l'ai dit déjà, le nombre des bons portraits est bien plus considérable que ne le croient ceux qui parcourent nonchalamment les galeries du Palais-Royal. M. Henry Scheffer en a fait un très remarquable de M. Jobert de Lamballe; il en est de même d'une tête de femme ou portrait, de

M. Nègre, qui a en outre produit plusieurs petites compositions pleines de goût et de naïveté, comme *Léda*, *Coronis*, *la Lecture*, un *Point d'interrogation* et *la Marchande de haricots*. Parmi les dames qui peignent à l'huile, mesdames Rosalie Thévenin, Juillerat, de Guizard et mademoiselle Stanislas Julien sont auteurs de portraits que l'on voit avec plaisir et intérêt.

On a placé dans le grand salon une tête peinte par M. Courbet; c'est le portrait de M. Berlioz, notre spirituel collaborateur. Considérée comme tête d'étude, cette dernière me paraît préférable à celle que l'artiste a faite d'après lui-même. Il y a dans l'imitation des traits du compositeur une énergie de dessin et de modelé fort remarquable; mais on se demande à quel propos le peintre s'est appliqué à donner aux chairs ainsi qu'aux accessoires qui les entourent le coloris sale et enfumé d'un tableau qui aurait été oublié dans un grenier depuis un siècle et demi. Que M. Courbet regarde cette tête de loin et comparativement avec celles des curieux dispersés dans le salon, il verra par où sa peinture pèche; il reconnaîtra que c'est chez lui un parti pris d'imiter la vieille peinture, de contrefaire la patine et les saletés que le temps a déposées sur les toiles des anciens peintres espaghols entre autres : petits moyens indignes d'un homme qui doit se sentir assez de force pour aller droit au but et sans prendre d'aussi mesquins détours. Mais j'ajouterai encore quelques mots qui pourront répandre de la lumière sur les idées encore mal débrouillées de M. Courbet et des jeunes artistes qui seraient disposés à s'engager dans la même voie que lui. La *peinture claire*, sans ombres, et où le modelé n'est exprimé que par des demi-teintes très-légères, résulte du système qui s'établit naturellement dans l'esprit des premiers artistes à l'origine de l'art, comme on peut s'en convaincre en étudiant les anciens manuscrits, et, mieux encore, les peintures de Cimabué, de Giotto, de Van-Eyck et de Hemling. Telles sont l'idée et la manière vraiment naïves qui inspirent et font travailler les peintres, lorsque, privés de modèles et livrés à leur seul instinct pour imiter la nature, ils ne consultent qu'elle, qui leur apparaît comme elle est effectivement, éclatante de lumière. Arrivé ensuite la science, qui produit la *peinture modelée*, au-delà de laquelle s'avance bientôt la *peinture noire*, celle où l'intensité des ombres est exagérée pour faire valoir extraordinairement les parties lumineuses. Quand on en est là, c'est que l'art est en décadence. Ainsi, après les premiers peintres que je viens de nommer, ont apparu les Pérugin, les Masaccio, les Fiésole, les Raphaël, les Andrea del Sarto ; puis bientôt après les Carraches, de l'école desquels sont sortis Michel-Ange de Caravage et l'Espagnolet, les grands maîtres en l'art de la *peinture noire,* les dépositaires si infidèles des grandes et belles traditions qu'ils auraient dû conserver.

Au moyen de ces données inattaquables, rien n'est plus facile que de juger non-seulement du degré de naïveté ou d'expérience qui sert de règle à un jeune artiste, mais encore de connaître son goût. Aussi, comme on doit s'en souvenir, n'ai-je pas été un seul instant la dupe de la simplicité de M. Courbet que l'on donnait volontiers pour un sauvage et un paysan. S'il eût été vraiment naïf, s'il avait réellement étudié la nature dans un village et ses environs, il aurait peint comme les Chinois, même sans exprimer les *ombres portées.* Or il exagère l'obscurité des peintures de la décadence ! Que ce jeune artiste prenne donc garde à son avenir : il sait déjà trop, et il sait mal. Qu'il mette de côté sa fausse science, pour interroger la nature avec candeur ; et après s'être complétement débarrassé surtout de ce coloris obscur, enfumé et désagréablement lugubre dont sa rétine s'est imprégnée en réfléchissant trop souvent de la *peinture noire*, qu'il étudie la nature à ciel ouvert, et d'un esprit dégagé de tout le fatras des préjugés qui l'obstrue.

Que l'on me pardonne cette digression faite à l'occasion de M. Courbet, car elle s'adresse à toute la nouvelle école des *naturalistes*, dont je n'ai pas méconnu l'habileté matérielle, mais dont je devais signaler les principes et le goût erronés qui président à leurs études et à leurs travaux. Comme je l'ai déjà exprimé, la peinture en France, avec ses dehors de florissante santé, est malade au fond; c'est son âme qui est blessée et qui souffre.

Mais revenons aux portraits. — J'en ai déjà signalé un, *la Dame en rose*, de M. E. Dubufe, qui a obtenu un grand succès parmi les amateurs, et a été vu avec intérêt par les artistes. L'auteur, comme tous les peintres de portraits, est naturellement à la piste, non-seulement des toilettes à la mode, mais de certaines attitudes qui appartiennent surtout au monde élégant, et dont on dit par exemple, dans le langage iroquois de nos jours, *cela est bien porté*. Depuis Van-Dyck, car il fut le premier qui donna à ses portraits cet air de cour et d'importance dont ses imitateurs, en France surtout, ont tant abusé; depuis Van Dyck, les portraitistes n'ont pas manqué d'imprimer au port de la tête et à la position des mains de leurs modèles un caractère conventionnel à la mode dans leur temps, signes qui indiquent les années où ces peintures ont été faites, avec autant de précision qu'une date. C'est ainsi que les personnes peintes par Rigaud, Largillière, Toqué, Massé, etc., ont ordinairement l'expression du dédain, le geste du commandement, quand ce sont des hommes; ou l'air de vouloir séduire et épouser tout le monde, si ce sont des femmes. A la fin du règne de Louis XIV, les dames devenaient des Vénus, des Junons ou des Dianes; plus tard, sous la régence, le pinceau de Santerre, de Watteau et de Lancret les affubla de mouches, de masques et d'habits de théâtre; puis, quand le règne de Boucher succéda, le portrait devint une bergerie continuelle; tellement, que je me souviens d'avoir vu un grave notaire de ce temps peint avec sa perruque à trois marteaux, et néanmoins jouant galamment d'une vielle suspendue à son cou par un ruban bleu de ciel. Bref, ce qui fait le plus valoir un portrait de femme en ce moment (1851), est de joindre à la beauté et à l'élégance naturelle, comme elles se trouvent dans la dame rose, une attitude quelque peu nerveuse, une légère contraction se propageant dans les bras et jusque dans les mains qui alors froissent légèrement les vêtements par un mouvement involontaire.

L'élégant portrait de M. E. Dubufe n'est pas le seul à l'exposition où l'on ait fait usage de cet artifice, et sans m'arrêter à ceux d'autres dames qui semblent se replier sur elles-mêmes comme des sensitives, j'irai chercher parmi les charmants dessins de M. Vidal un exemple frappant du goût qui règne en ce moment pour ces petites contorsions gracieuses à la mode, et du talent remarquable avec lequel nos jeunes artistes trouvent moyen de les exprimer. Le dessin que je signale représente une petite fille de six ou sept ans. Sa tête est ombragée par une épaisse chevelure; ses petits membres sont chargés de rubans, et au bas de sa taille, amincie par une ceinture, se gonfle tout à coup une petite jupe empesée qui laisse à découvert des jambes et des pieds d'autant plus mignons en apparence qu'ils contrastent avec l'ampleur de la chevelure et l'enflure excessive de la petite tunique. Tout le monde a été témoin des contorsions gracieuses que fait une jolie enfant quand une grande personne lui adresse la parole en la flattant; une certaine honte inexplicable, mêlée au chatouillement de la vanité, fait perdre contenance à ce petit être, qui alors se tortille, roule ses mains l'une dans l'autre, et entre réellement dans une espèce de petite convulsion. Eh bien! c'est cet accident bizarre que M. Vidal s'est proposé de rendre dans son dessin, et qu'il a merveilleusement exprimé.

Mais maintenant que j'ai fait la part de l'artiste, je ferai celle de l'art, et je demanderai s'il entre dans ses attributions d'imiter et de présenter comme dignes d'un véritable intérêt des formes et des expressions humaines qui touchent à un état maladif. — Mais si cela est *naturel,* pourquoi pas? dira-t-on. — Oh! alors, sur ce mot, il faut s'expliquer pour s'entendre. Si par acte *naturel* on prétend désigner tout ce que l'organisation physique et intellectuelle de l'homme peut arriver à produire par l'excitation exagérée de ses forces, nul doute qu'un fou, un épileptique, un somnambule, un danseur de corde ou un tambour-major qui se balance solennellement, n'excercent des mouvements *naturels*, puisque ces mouvements peuvent être exécutés; et en suivant cette idée, on arriverait nécessairement, de proche en proche, à trouver très-*naturelles* les grimaces de la petite fille aux rubans, ainsi que la représentation que M. Vidal en a faite.

Mais quand, ainsi que les grands maîtres et les gens sensés de toutes les époques, on est persuadé que la santé de l'âme et du corps de l'homme, c'est-à-dire la possession de ses forces physiques et le libre usage de son intelligence et de sa raison, constituent en effet son état *naturel* et normal, alors la question change, et l'on ne reconnaît plus pour actes et pensées *naturels* à l'homme que ceux qui ne le font pas sortir des limites que lui imposent sa raison et par conséquent ses devoirs. C'est ce qui est cause que malgré toute l'habileté de certains artistes qui se sont évertués à peindre un hôpital de fous, ces sujets n'ont jamais réussi ; tandis que Phèdre, par exemple, dont la raison est parfois obscurcie par la passion de l'amour, intéresse profondément, parce que, en elle, l'être intelligent, raisonnable, ne perd jamais complétement la possession de lui-même.

Le joli dessin de M. Vidal et le portrait de la dame rose m'ont conduit bien loin ; mais comme tout s'enchaîne ! Ce goût pour le naturalisme, qui pousse les uns à produire des œuvres si matérielles et si repoussantes, en entraîne d'autres à faire disparaître aussi la véritable vie intellectuelle sous la superficie brillante des formes. Là on s'inspire de Caravage et de Zurbaran ; ici on procède de

Watteau; mais, dans l'un et l'autre cas, le moral est injurieusement sacrifié au physique. Le *naturalisme* et la *manière*, voilà les deux écueils entre lesquels il faut passer aujourd'hui. Continuons notre examen.

On a goûté et j'aime beaucoup le portrait d'un homme à cheveux blancs tenant ses lunettes ; c'est l'ouvrage de M. Matet, de Montpellier, ce qui prouve qu'en cette ville la peinture est cultivée avec distinction. Un buste bien peint par M. Steinheil fait regretter que cet habile artiste ait si peu travaillé cette année pour l'exposition. M. Healy, peintre anglais, a produit plusieurs portraits, parmi lesquels on a distingué celui d'une jeune femme, grandeur demi-nature, qui est vrai et gracieux. Soit à l'huile, soit au pastel, M. Patania, Sicilien, a représenté une dame brune dont la physionomie vive et spirituelle est très-énergiquement reproduite, puis deux jeunes demoiselles et des bustes d'hommes bien peints qui portent le caractère de la vérité.

Le tableau ou le portrait honoraire que M. Court a fait du président de l'Assemblée législative est un ouvrage recommandable. Outre la ressemblance de M. Dupin, qui ne laisse rien à désirer, on a remarqué l'habileté avec laquelle l'artiste a profité des combinaisons de l'art de la perspective pour donner l'idée de l'étendue de la Chambre, malgré la petitesse relative du champ de son tableau. Quoique l'importance du rang de président de l'Assemblée, et l'ancien usage de faire des portraits d'apparat aient porté le peintre à donner quelque chose de solennel à sa composition, on pense que son ouvrage n'eût rien perdu de son mérite s'il eût été traité avec un peu plus de simplicité.

Deux artistes étrangers, MM. Lunteschutz, de Francfort, et Mourawief, ont exposé des portraits d'hommes qui sont traités avec talent.

Il faut mentionner particulièrement trois grands portraits de femmes, au pastel, peints avec cette vigueur et cette simplicité qui caractérisent le talent de mademoiselle Nina Bianchi. Madame Munier-Romilly, de Genève, ne mérite pas moins d'éloges pour le portrait également au pastel d'une jeune demoiselle, et une *Madeleine*, dont le coloris est très-vrai et plein de suavité.

Outre son *Fleuve* et ses *Jardins d'Armide*, deux compositions d'un genre opposé, M. Biard a à l'exposition quatre grands portraits de femmes, peut-être chargés d'un peu trop de détails, mais qui ont de la vérité et de l'élégance. Le général

Gemeau a été peint en pied par M. Jeanmot, avec énergie et franchise. Dans le tableau du *généralissime* des troupes du Népaul, M. Jacquand a fourni une nouvelle preuve du talent qu'on lui connaît; on regrette seulement qu'il ait donné un coloris si sombre au portrait de cet Indien. Deux bons portraits de femmes font honneur au pinceau de madame Pigault, née Faucon, de Caen. M. Rouget, ancien athlète, s'est encore présenté cette fois dans l'arène avec plusieurs ouvrages, entre autres trois portraits qui portent le cachet de la vérité; et M. Gosse, indépendamment de quelques compositions que nous retrouverons plus tard, a peint aussi deux bustes qui sont traités avec conscience.

Deux frères ont été représentés sur la même toile, par M. H. Flandrin; deux sœurs ont servi de modèles à M. Barrias; et ces quatre portraits, dont le premier aspect semble peut-être un peu froid, gagnent à être vus avec l'attention dont ils sont dignes. Ce sont des ouvrages étudiés en conscience.

L'année dernière, en rendant compte de l'exposition versaillaise, j'ai signalé le mérite du portrait équestre du Président, peint par M. H. Vernet. Depuis, notre habile artiste a fait quelques retouches à ce tableau, qui, soit par l'effet de ces remaniements, ou à cause de la nouveauté du local où il se trouve, paraît avoir noirci. Quoi qu'il en soit de cet accident, qu'une retouche nouvelle pourrait faire disparaître, on ne saurait trop louer la justesse et la précision du mouvement des cavaliers et de leurs chevaux dans cette élégante composition. Du reste, cette aptitude à saisir et à exprimer avec tant de finesse et d'énergie le mouvement, et par conséquent l'intention des animaux et la pensée de l'homme, est le trait caractéristique du talent de l'auteur des tableaux de Constantine et de la Smala. C'est par là surtout que M. Horace Vernet est et restera un peintre original et éminent, sans parler de l'intérêt qu'inspireront ses nombreux ouvrages, où se déroulent tous les grands événements qui rendront les soixante années qui viennent de s'écouler si imposantes dans l'histoire. Cet homme a d'ailleurs le mérite singulier d'avoir été sincèrement artiste à toutes les époques, à tous les instants de sa vie. Peintre renommé déjà, traitant un genre où il n'avait pas de rivaux, et environné, sans en être ébloui, de louanges excessives, M. Horace Vernet, pendant plusieurs années, s'est remis en quelque sorte sur les bancs de l'école qu'il dirigea à Rome pour s'exercer, non sans succès, dans un mode nouveau pour lui. Mais doué d'un bon sens rare et d'un courage qui l'est plus encore, celui de ne pas céder à la voix des flatteurs et à celle plus dangereuse encore de sa propre vanité, il a repris, comme il l'a dit lui-même si spirituellement, *son havresac et sa giberne*, et il est redevenu pour toujours l'Horace Vernet qui a commencé par peindre la bataille de Valmy et fini par celle d'Isly. Mais je ne saurais mieux compléter l'éloge de cet artiste qu'en rappelant que toujours modeste, bienveillant et juste envers ses confrères, et respectant les idées, les fantaisies même de quelques-uns d'entre eux, M. Horace Vernet, exclusivement préoccupé de bien faire, a librement et largement fourni la carrière qu'il s'est ouverte; produisant encore avec succès à un âge où tant d'autres ont déjà depuis long temps déposé le ceste au milieu de l'arène, s'y représentant au contraire toutes les fois qu'elle est ouverte, s'exposant à la critique comme un jeune homme qui cherche à s'instruire, et donnant par cela même un noble exemple à suivre aux jeunes artistes qui se distingueront après lui.

Malgré la longue série des portraits, dont le public a pu déjà apprécier le mérite avant que je les signale aujourd'hui, ce serait une grande erreur de croire que j'ai tout dit à ce sujet. Les peintres en miniature, portraitistes exclusifs, si menacés dans leur profession, comme on sait, par les impressions daguerriennes dégagées aujourd'hui de leur miroitage, et par la photographie, rivale déjà victorieuse du dessin ; les miniateurs, cette année, comme s'ils voulaient jouir de leur reste, ont rempli près de deux salles d'un monde de têtes de Lilliputiens. Quoi qu'il en soit, cet art, cultivé avec talent par quelques personnes, n'est cependant pas en voie de progrès, et ce qu'il offre aujourd'hui de meilleur n'est pas plus parfait que ce qu'on a produit de mieux en ce genre depuis vingt ans. Ce serait donc abuser de la patience du lecteur, sans aucun profit pour l'instruction des artistes ni pour les progrès de l'art, que de s'aventurer dans l'énumération même abrégée de ces petits portraits d'hommes, de femmes et d'enfants dont la désignation précise fournirait la matière brute d'un volume. Pour être bref et aussi juste que cela me sera possible, je me bornerai donc à inscrire les noms des peintres, hommes et femmes, qui me semblent avoir traité la miniature avec le plus de distinction : or, tels sont MM. de Pommayrac, Frédéric Millet, Passot, J.-N.-M. Frémy, J.-A. Carrier, et mesdames et mesdemoiselles

Herbelin, A. Lapoter, H. Mutel, Jenny Girbaud.

Maintenant nous avons à peu près *perlustré*, comme dit Rabelais, les landes de l'exposition, les portraits; mais il nous reste encore les bustes, car le buste est un je ne sais quoi distinct du portrait peint. Dans mon opinion, il n'est pas hors de propos d'être quelque chose comme Alexandre, Socrate, César, Washington, Bonaparte, Homère ou Dante, pour se laisser tranquillement couler en bronze, sculpter en marbre ou même modeler en plâtre. Quant à moi, malgré la mode, je n'ai jamais voulu consentir à ce que l'on me mît ainsi en relief, quoique quelques sculpteurs de mes amis se soient gracieusement offerts pour me rendre ce prétendu service. Mais je ne leur ai jamais dit le motif de mon refus, qu'ils vont apprendre aujourd'hui. Dans un certain couloir obscur qui aboutit au passage Choiseul est établi depuis longtemps un marchand de meubles et de curiosités d'occasion. On y voit souvent d'assez pauvres statues, des pendules à figures roides du temps de l'Empire, des biscuits de Sèvres sculptés sous Louis XV, et parfois des bustes en marbre de personnages qui ont excité bien autrement de bruit dans le monde que je n'en ferai jamais. Un jour je vis, entre autres, ceux du général Lafayette et du roi Louis XVIII ; ils étaient à terre, relégués tristement sous des tables, et chaque fois que je passais, j'apercevais ces deux figures d'un jaune blafard comme la mort, dont toutes les parties saillantes, le front, les pommettes, le nez et le menton étaient devenues sales et noirâtres par la combinaison de l'humidité et de la poussière. En voyant les portraits de ces deux hommes célèbres oubliés et abandonnés dans un si misérable état, je me laissai aller d'abord à mille réflexions générales sur la frivolité et l'inconstance des passions humaines ; mais les sollicitations de mes amis sculpteurs me revenant tout à coup à l'esprit, mon buste à moi, grand comme nature, se présenta comme en un songe, et il me sembla le voir, moi vivant encore, rencogné dans le corridor le plus étroit et le plus obscur d'un appartement, et entouré des guirlandes funèbres tressées par la noire Arachné. Or c'est à ce moment que je jurai de ne pas laisser reproduire en buste ou en médaillon ma figure, d'ailleurs fort peu numismatique. Devenir la proie de l'oubli, c'est le sort de presque tous et il faut s'y soumettre, mais laisser élever un monument qui constate l'oubli et ne provoque qu'un sourire de pitié, oh ! cela est trop !

Je serai donc court à l'occasion des bustes,

n'ayant pas de fait plus important à énoncer sur
ce qui les concerne que de dire que tant en bustes
qu'en statuettes-portraits et en médaillons, leur
ensemble se monte au nombre effrayant de quatre
cents au moins, comme en fait foi le livret.

Qui peut le plus peut le moins ; il est donc tout
naturel que les statuaires les plus habiles que j'ai
déjà eu l'occasion de nommer soient aussi ceux
qui ont produit les meilleurs bustes. Et en effet,
ce sont encore les noms de MM. Pradier, A. Millet, Elshoët, Étex, Dantan frères, Foyatier,
J. Félon, Clésinger, A. Husson, J. Jaley, F. Jouffroy, Lequesne, Legendre-Héral, M. Meusnier,
Demesnay, Desbœufs, etc., qu'il faudrait reproduire, si je pouvais me résoudre à énumérer
les portraits en sculpture d'une foule de personnes dont la plupart sont absolument inconnues
du public.

Parmi les portraits peints, il y en a un à l'exposition de la main de feu Michel-Martin Drolling,
qui vient d'être enlevé aux arts dernièrement.
Fils d'un artiste qui s'est fait un nom dans la peinture de genre, M.-M. Drolling est né en 1786, je
crois, à Paris. Élève de son père d'abord, puis
ensuite de L. David, il remporta le grand prix de
Rome en 1810. Le premier tableau qui le fit re-

marquer est *la Mort d'Abel*, qu'il envoya de Rome en 1815. Il peignit ensuite *le Bon Samaritain*, puis *Orphée perdant Eurydice* et *Hécube et Polyxène*, deux ouvrages qui font partie du Musée du Luxembourg. Les dernières années de la vie de Drolling ont été consacrées à l'exécution du sujet de *Saint Paul* prêchant à Athènes, qu'il a peint à fresque dans l'une de chapelles de Saint-Sulpice. Cet artiste a toujours vécu éloigné du monde, partageant sa vie entre le culte de l'amitié et celui de son art. Dans son *Orphée* et sa *Polyxène*, il s'est montré l'un des plus habiles peintres praticiens de notre temps; et l'étude de ses ouvrages, jointe aux leçons qu'il donnait dans son école, a contribué à former de très-bons élèves. Le mérite de cet artiste lui a valu deux distinctions honorables; il était membre de la Légion-d'Honneur et de l'Institut.

IX.

GENRE : MM. MEISSONNIER, DECAMPS, VETTER, E. ISABEY, GIRARDET.
FLEURS : MESDAMES P. GIRARDIN, P. ALLAIN, A. GIRBAUD, E. WAGNER
A. COBUS.
DESSINS : MM. A. FRANÇOIS, VIDAL, BIDA, GODDÉ, SUDRE.
GRAVURE : MM. MARTINET, MANDEL, A. BLANCHARD, A. FRANÇOIS, BURDET.
LITHOGRAPHIE. — ARCHITECTURE.

11 avril 1851.

C'est une erreur de croire que les peintres choisissent librement les sujets qu'ils traitent, car aux différentes époques de la civilisation ils obéissent à des idées, à des systèmes, et enfin à des goûts qui leur sont successivement imposés par les religions, par les gouvernements, et en dernier lieu par les particuliers.

En naissant, l'art procède immédiatement d'une idée religieuse; alors il ne vient pas même en pensée aux artistes de représenter autre chose que les divinités, les mystères et les rites du culte qu'ils observent eux-mêmes; et à ce premier degré, les formes de la représentation, la plupart symboliques, sont imposées aux peintres par le corps sacerdotal.

Mais si l'art fait des progrès, comme dans l'ancienne Grèce et en Italie, les images conventionnelles disparaissent peu à peu, l'imitation des formes naturelles devient plus précise, et est bientôt employée à représenter les héros, les saints, en un mot, les hommes forts et généreux qui ont rendu de grands services à leurs semblables : l'art est alors arrivé à son second degré.

A la première époque, les artistes trouvent l'inspiration dans les sentiments religieux, et sont guidés dans leurs travaux par des traditions sacrées. Mais à la seconde tout change pour eux, car ils obéissent forcément à un autre système et à des directeurs nouveaux. Cette fois, c'est la gloire et l'amour de la patrie qui les inspirent; et la volonté des rois et des peuples les crée en quelque sorte les interprètes de la reconnaissance publique envers ceux qui ont utilement servi l'État.

Ces deux accidents de l'art, le mode religieux et le mode héroïque, que je sépare ici pour les mieux caractériser, se marient ordinairement dans la pratique, et concourent chez les peuples aptes aux arts à produire l'époque la plus éclatante de leur développement, comme cela eut lieu en Grèce depuis Polygnote jusqu'à Apelles, et dans l'Italie moderne, de Giotto à Raphaël et à Léonard de Vinci, époque où le beau et le grand servaient de vêtement glorieux à l'utile, et qui faisait dire à Pline l'Ancien, traitant de l'histoire de la peinture : « Parlons maintenant de ce qui reste de cet art, autrefois si noble, alors qu'estimé, recherché par les rois et les peuples, il acquérait tant de dignité en faisant passer à la postérité ceux dont il rehaussait la gloire. » *Nunc dicemus quæ restant de arte, quondam nobili, tunc cum expeteretur à regibus populisque, et illos nobilitante quos esset dignata posteris tradere.*

Parvenu à ce point, l'art s'y soutient quelque temps, jusqu'à ce que les sujets tracés dans les temples et les édifices publics se trouvant épuisés par la reproduction qu'en ont faite une ou deux générations d'artistes fameux, le goût des arts descend et pénètre tout à coup jusque chez les particuliers, dont les fantaisies font déloger de l'esprit des artistes l'unité des grands principes auxquels ils se rattachaient jusque-là. C'est alors que les peintres, abandonnant la glorification des volontés divines et des grandes actions des hommes, emploient leur talent à imiter servilement les circonstances les plus vulgaires et souvent les plus répréhensibles de la vie humaine; ne se faisant aucun scrupule, dans l'espoir de solliciter et de satisfaire les goûts bizarres des *amateurs* qui désormais doivent les protéger, de reproduire dans leurs tableaux tout ce que les anecdotes historiques, les scènes de la vie familière et tous les mille et un accidents burlesques, honteux, ridicules ou frivoles de chaque jour peuvent offrir d'appât à la curiosité de riches désœuvrés.

Ce désordre une fois établi, il en résulte ces principes faux, que l'imitation, qui originairement n'était qu'un *moyen,* est réputée *le but* de l'art ; que le choix du beau ou du laid est indifférent dans un ouvrage, du moment que l'un ou l'autre est fidèlement reproduit ; et enfin que le *naturalisme* étant la base de la théorie et de la pratique, le *genre* est le mode de peinture le plus excellent.

Or il est temps enfin de déterminer le sens de ce mot vague employé depuis si longtemps. Je dirai donc que la peinture de *genre* a commencé du jour où les modes religieux et héroïques ont été abandonnés, lorsque les artistes, quittant la recherche du beau, se sont exclusivement livrés à l'imitation du naturel ; quand enfin la bassesse, l'insignifiance, le ridicule ou l'afféterie d'un sujet ont trouvé grâce dans l'esprit des amateurs, séduits exclusivement par la reproduction exacte des formes et du coloris. Ainsi les *Ribotteurs* de Vélasquez et le *petit Pauvre* de Murillo, où les convenances de l'art sont ignominieusement sacrifiées au naturalisme le plus vulgaire ; les *Ripailleurs* de Jordaens, qui présentent l'homme, même au déclin de la vie, dans un état d'enfance brutale; les *Mascarades* maniérées de Watteau, qui démontrent jusqu'à quel point l'organisation la plus heureuse peut être pervertie ; les compositions burlesquement mythologiques ou pastorales de Boucher, certains sujets anecdotiques et romanesques, les scènes où figurent les héros de tavernes et de bals masqués, et enfin ces inconcevables productions où l'on imite avec un soin minutieux des légumes groupés avec un chaudron, des harengs ou des radis dans une assiette, un serin mort pendu par la patte, une bouilloire bossuée et souillée de cendre, un vieux chandelier de fer dégouttant le suif comme on en voit encore à l'exposition de 1850 ; telle est la peinture dite de *genre*, recherchée presque exclusivement par le public aujourd'hui, ce qui est cause que la grande majorité des artistes s'y adonne et que l'art tend invinciblement vers le *naturalisme*, principe et véritable explication de ce qu'on a appelé *genre* jusqu'ici.

J'ai reproduit exactement les faits ; ils ont parlé.

J'ai rapporté en outre quelques paroles que Pline écrivait sur l'art de la peinture, sur cet *art mourant,* disait-il, il y a dix-huit cents ans, lorsque, ainsi que l'on serait en droit de le faire aujourd'hui, il se plaignait amèrement des artistes, qui au lieu de consacrer leur talent à la décoration des temples et des basiliques, prostituaient leurs pinceaux en représentant des sujets frivoles et obscènes pour orner les villas des riches amateurs de ce temps. Que ceux donc qui, de nos jours, s'engagent dans une voie analogue, faute d'avoir comme Lesueur, Poussin et L. David, le courage de remonter aux grands principes de l'art, s'avouent au moins l'infériorité des doctrines qu'ils ont adoptées et ne nous donnent plus le naturalisme pour un principe excellent, puisqu'ils doivent reconnaître à présent qu'au contraire il est de la plus mince et de la plus fausse valeur.

Maintenant que nous savons bien où nous en sommes, occupons-nous des tableaux de genre, en commençant toutefois par les sujets anecdotiques qui tiennent le milieu entre les différents modes de l'art. M. J. Alaux, auteur de la tenue des États-Généraux, ouverts en 1588 par Henri III, et de ceux de 1614 sous Louis XIII, deux ouvrages très-distingués qui sont placés dans les galeries de Versailles, a achevé pour la même destination la *Lecture du Testament de Louis XIV*. L'effet général de cette composition est on ne peut plus satisfaisant ; on regrette seulement que l'habile artiste n'ait pas suffisamment diversifié la physionomie de ses personnages, que l'uniformité de leur costume tend déjà à faire confondre.

Le petit tableau de M. P.-C. Comte, représentant *Charles IX visitant Coligny blessé*, est fort joli. Il ne faut pas y chercher la gravité historique ; le sujet y est traité comme dans une page de Mémoires, sans beaucoup de dignité, mais avec esprit. L'exécution de ce tableau, quoique très-facile, ne manque cependant pas de solidité, et cette composition, prise dans son ensemble, est en ce genre une des meilleures de l'exposition. Si l'auteur serre son travail, au lieu de le lâcher, il pourra faire de très-bons ouvrages.

Il y a trois tableaux de petite dimension peints avec beaucoup de soin et de délicatesse par M. Gosse. Dans l'un on voit *Newton* qui déplore la perte d'un de ses manuscrits les plus précieux que vient de lui déchirer son chien ; dans l'autre, *Camoëns* se sauvant du naufrage avec son poëme ; et dans le troisième, *Galilée*. A l'intérêt de ces trois scènes épisodiques se joint le mérite d'une exécution extrêmement fine. Le *Tasse malade,* de M. Marquet, est encore une composition étudiée avec soin et présentée de manière à faire naître un véritable intérêt. Dans le *Moine garde-autel assassiné,* de M. A. Arago, il y a du talent. Le dessin de ce tableau est pur et ferme, et la scène bien conçue ; mais ce jeune artiste, lancé dans une voie absolument contraire à celle que suivent les naturalistes, néglige le coloris et peint avec trop de sécheresse. On s'aperçoit que la *Course de taureaux* en Espagne est un souvenir qui s'est vivement fixé dans la mémoire de M. Dehodencq. La vérité y est présentée sans art, mais non sans faire naître un vif intérêt de curiosité. Il y a aussi une grande vérité d'aspect dans cette *Émigration des habitants de Marseille,* fuyant le choléra, dont M. Loubon a fait un tableau plein de vie et d'exactitude. La couleur du terrain et de l'atmosphère de la Provence est rendue avec talent, et tous les groupes de fuyards effrayés, profitant de tous les véhicules imaginables pour s'éloigner du fléau terrible, excitent l'intérêt et la curiosité.

Il n'existe pas de portrait authentique de Rabelais, et je crois même que l'on n'a pas de son écriture ; en sorte que ce personnage si réel devient le sujet d'un travail idéal pour les artistes quand ils veulent le peindre et le mettre en scène. C'est le petit problème que s'est proposé M. J. Vetter, et qu'il a résolu d'une manière très-spirituelle. Rabelais est représenté en pied dans l'attitude d'un homme qui réfléchit profondément, tout en laissant paraître sur ses lèvres un sourire moqueur. C'est une miniature à l'huile, mais savamment traitée et dont l'aspect est plein de charme.

Puisque j'en suis sur les petits ouvrages peints à l'huile, je n'irai pas plus avant sans parler du grand maître en ce genre, M. E. Meissonnier. Il y a de lui à l'exposition quatre ouvrages principaux : Un *peintre montrant des dessins*, un *Joueur de luth*, le *Dimanche* et un *Souvenir de guerre civile*. Ces peintures, remarquables par leur mérite, leur petitesse et l'exactitude de l'imitation, marqueront, je crois, une époque curieuse dans l'histoire de l'art : celle où l'influence du daguerréotype a commencé à se faire sentir sérieusement sur les études et les travaux achevés des peintres. Qu'à quelque moment que M. Meissonnier se soit lancé dans la carrière des arts, il ait donné des témoignages d'un talent bien caractérisé, c'est ce dont on ne peut douter; mais il me paraît évident que la vue des impressions daguerriennes lui a fourni des sujets d'études dont les résultats ont modifié, guidé et perfectionné l'aspect sous lequel il envisage et imite la nature. Le daguerréotype, en arrivant dans ce monde avec sa rectitude et avec sa franchise un peu brutale, a produit l'effet d'un sage qui dit crûment la vérité; en l'admirant, tout le monde s'est révolté contre lui. Mais après le premier étonnement et quelques colères, les artistes réfléchis se sont aperçus que les représentations produites par l'instrument donnaient raison à certains grands maîtres en fait de portraits, tels que Bélin, Léonard de Vinci, Raphaël, Hans Holbein et M. Ingres, auxquels on avait reproché jusqu'ici de faire des contours trop arrêtés et de modeler d'une manière trop uniforme. Or, je serais bien étonné si M. Meissonnier n'avait pas été frappé de l'identité d'aspect qui existe entre les peintures des hommes que je viens de nommer et les résultats de l'instrument inventé par M. Daguerre. Mais dans les ouvrages de M. Meissonnier, il y a encore une qualité qui semble résulter des études qu'il a faites sur des épreuves daguerriennes: c'est le fini, ce qu'il ne faut pas confondre avec le *léché;* le fini, dis-je, si simple, si vrai qu'il donne à sa peinture; ce soin apporté également à toutes les parties sans que l'ensemble perde rien de son harmonie; cette précision avec laquelle les plus petits détails sont rendus sans nuire aux grandes formes, car dans ces compositions lilliputiennes de M. Meissonnier, tout est dessiné, modelé et peint largement. *Le Peintre* et *le Joueur de luth* sont deux compositions pleines d'esprit, bien étudiées, mais dans lesquelles l'artiste dominait ses sujets. La tâche était plus difficile à remplir en abordant *le Souvenir de guerre civile*, qui n'est autre chose qu'une barricade de juin 1848, couverte de morts et vue au crépuscule. La petite dimension des figures nuit au développement du sujet d'une part, et de l'autre le vague de la lumière met de la confusion sur les personnages, que l'on a de la peine à distinguer l'un de l'autre. Mais malgré ces défauts et ce qu'il y a de désolant et d'horrible dans cette scène, si la dimension des figures était seulement doublée et que la lumière fût moins également éparpillée, ce tableau gagnerait infiniment. *Les joueurs de boule à la guinguette le dimanche* offraient aussi de grandes difficultés à vaincre. Toutes celles de détail ont été habilement surmontées; mais la lumière générale répandue sur l'ensemble de ce petit chef-d'œuvre n'est pas assez dégradée; elle est trop égale partout, d'où il résulte que ce tableau a un aspect blafard. Mais ce qui me plaît surtout dans le talent de M. Meissonnier c'est sa véritable originalité, sa nouveauté, car les ouvrages de cet artiste ne rappellent ni ceux de Téniers, ni ceux de Watteau, Lancret ou Lépicier, qui ont traité des sujets analogues. M. Meissonnier est tout à fait lui quand il compose comme quand il exécute; et s'il fallait lui chercher absolument un maître ou plutôt un conseiller, je désignerais le daguerréotype, dont il a su reproduire, en l'animant, l'exactitude scientifique.

Rien n'est si rare qu'un écrivain qui prend la plume malgré lui, parce qu'il a quelque chose de nouveau à dire; ou qu'un peintre tourmenté par ses propres idées et forcé de se faire une manière à lui pour les exprimer. Depuis plus de quinze ans déjà, il s'est formé une classe d'artistes parasites qui s'en vont, truchant des sujets, un style et un coloris dans les ouvrages des peintres galants du temps de la Régence et des règnes de Louis XV et de Louis XVI. Je ne parlerai pas de ceux, malheureux mendiants, qui ne vivent que des aumônes qu'ils arrachent à Watteau et à Boucher; mais il n'est pas tout à fait inutile de signaler le goût maniéré que quelques hommes de talent adoptent aujourd'hui, et au moyen duquel ils donnent à leurs productions un certain air de désordre voluptueux, un laisser-aller de boudoir qui, à ce qu'il paraît, ravissent en admiration les amateurs de tableaux. M. Antigna, par exemple, qui a tracé son *Incendie* et ses *Enfants dans les blés* avec un pinceau viril et même un peu dur, a exposé *une Jeune Femme* en peignoir, petit tableau fort joli et très-habilement peint, mais où il a fait régner cette fantaisie galante de 1725, que les élégantes de 1850 contrefont, je le sais, mais qu'il est dangereux pour un peintre d'imiter de nouveau d'après cette contrefaçon. Cette observation est encore plus applicable à la *Leçon de musette,* peinte très-largement par M. Luminais, qui a sans doute profondément étudié le *Déjeuner de chasse* de Vanloo, avant d'exécuter le tableau dont je parle. Mais enfin quand j'en viens à penser que depuis soixante ans le monde est travaillé de révolutions terribles sous prétexte que Louis XV a ruiné l'État en faisant un vaste boudoir de la France; que d'encore en encore, nous sommes enfin tombés en république, et que c'est précisément sous ce gouvernement que les arts sont employés à retracer les faits et gestes galants des messieurs et des dames de cette ancienne monarchie que l'on semble avoir en horreur, je me demande quel est le sens de ces inconcevables fantaisies pittoresques, et si elles ne sont pas les symptômes d'une maladie de l'esprit des gens de notre temps, plutôt que le résultat d'un goût franc et réel? Car enfin il faut bien se figurer que dans cette *Leçon de musette* on voit en effet un grand flandrin de garçon habillé de gourgouran gris, étendu sur l'herbe, et enseignant une grande gaillarde de bergère, en robe à paniers, et poudrée et retapée, comme on disait alors, à *la lacédémonienne*.

Le *Watteau à la campagne* et la *Lune de miel* de M. Coulon, traités aussi avec grâce et talent, se rattachent à cette poétique *rococo* dont raffolent maintenant les artistes et les amateurs. Mais elle paraît avoir servi plus particulièrement de règle à M. J.-B.-A.-E. Bellanger, auteur des *Fiancés* et de l'*Atelier d'un Graveur en taille-douce*. Il faut que cet artiste ait approfondi les œuvres de Boucher et les gravures d'Eisen et de Gravelot avec le même soin que d'autres mettent à étudier les poëmes de Virgile, les bas-reliefs d'Athènes ou les fresques du Vatican, pour s'être identifié à ce point avec le goût, les habitudes et la manière d'être des gens qui vivaient en 1770. Étrange chose que l'instabilité de l'esprit humain : David Téniers faisait pour les amateurs des pastiches de

Raphaël en 1650, et aujourd'hui, après deux siècles, les amateurs nos contemporains paient au poids de l'or les pastiches qu'on leur fait d'après Watteau, Lancret et Boucher. Dans l'esprit de beaucoup de gens aujourd'hui, le siècle de Louis XV a pris l'importance qu'avaient autrefois ceux de Périclès, d'Auguste, de François Ier et de Louis XIV ; et ce qu'il y a de plus curieux en cette affaire, c'est que les peintres et les amateurs de nos jours sont persuadés que leur talent et leur goût ont fait de grands progrès.

J'avoue que je préfère les compositions de genre, dont les sujets sont fournis par des scènes contemporaines, et où figurent des personnages que le peintre a entendus parler et vus agir ; dans ce cas, la vie, les mœurs, les travers et les costumes représentés ont quelque chose d'actuel et de vraiment neuf, que l'on n'obtient jamais à l'aide des recherches les plus érudites sur les temps passés. *Le ieune Dessinateur* de M. Billotte, *le Maître d'école* de M. Dubasty, *la Lecture* et *le Château de cartes* de M. Villain, le joli tableau du *Lavoir* de M. A. Delacroix, *l'Intérieur d'un atelier de peintre* par M. C. Giraud, *l'École de petites filles* de M. Bouvin, *un Ciseleur* par M. Fauvelet, *un Intérieur* avec figures de M. Roehn fils, *le Retour aux Py-*

rénées de M. Gide, *le Retour du soldat* de M. K. Cirardet, et *les Marseillais fuyant le choléra* peint par M. Loubon que j'ai déjà nommé, sont des ouvrages qui, abstraction faite de leur mérite très-réel, conserveront dans un demi-siècle, lorsque les mœurs et les habitudes seront modifiées, un intérêt que n'auront jamais des scènes familières représentées par des peintres qui ont vécu un ou deux siècles après qu'elles se sont passées.

Les huit ou neuf derniers tableaux que je viens de citer sont de petite dimension, avantage qui contribuera encore à leur conserver du prix aux yeux des curieux à venir. Aussi regretté-je que les figures du *Carnaval de Rome* aient été peintes de grandeur naturelle par M. Karl Muller, car son ouvrage a du mérite, et la scène qu'il représente constate l'une des mille et une modifications qu'ont subies et que subiront ces folies romaines. Si comme je l'ai entendu dire, la dimension du tableau a été prescrite à l'artiste, ma critique ne devra être prise que comme une observation générale renouvelée dans l'intérêt de l'art ; mais j'en ferai encore l'application aux *Buveurs*, bien peints et colorés, de M. Grosclaude, scène qui ne peut que perdre à être présentée de grandeur naturelle.

Dans la nombreuse série des peintres qui cultivent le genre, il faut distinguer encore ceux qui recherchent les sujets à demi anecdotiques appartenant aux époques antérieures à la fin du dix-septième siècle : M. Lepoitevin, par exemple, qui a peint avec sa finesse et son énergie habituelles *Backuysen dessinant les dunes en Hollande* et *G. Van-del-Weld, peintre hollandais, s'embarquant pour aller au-devant de l'amiral Ruyter, son ami*; M. Jolin, auteur de l'*Entrevue de Faust et de Méphistophélès*; M. Tony Johannot, qui a peint avec esprit une *Chasse au faucon,* où figurent des élégantes et de beaux pages de la fin de seizième siècle. Il faut signaler encore une *Barque vénitienne* chargée de belles et de galants du seizième siècle formant un concert de leurs voix et de leurs instruments, tableau où l'auteur, M. Pignerolle, a répandu un coloris brillant et solide; puis nous arrivons à l'*Épisode du mariage de Henri IV* et à l'*Embarquement de Ruyter,* pour lesquels M. E. Isabey a épuisé toutes les ressources de son imagination et de sa palette pour imprimer à ces deux scènes, l'une se passant à la cour, l'autre sur la mer et autour d'un vaisseau, ce mouvement extraordinaire, peut-être un peu exagéré par l'artiste, qui se manifeste au milieu d'une foule empressée à faire fête à de grands personnages.

Dans l'embarras que j'éprouve à classer le joli tableau de M. Hillemacker, représentant *le Satyre et le Passant* de La Fontaine, je dirai, dans ce court paragraphe, que cet ouvrage est un des bons de l'exposition présente. J'ajouterai que la *jeune Syrienne jouant avec sa panthère* fait honneur au talent de M. Émile Lecomte, auteur de plusieurs bons portraits.

Quant à M. Diaz, il est le peintre de la fantaisie, genre dans lequel il réussit parfois très-heureusement. J'ai déjà loué les tons de son *Soleil couchant,* et cette fois je signalerai une figure très-bien colorée et modelée, qu'il intitule le *Tombeau de l'Amour;* puis encore des *Bohémiens,* espèce de fantaisie qui attire et préoccupe les yeux en les charmant, comme ces mélanges brillants de soies de diverses couleurs, dont les jeunes filles font, dans les couvents, de petits tableaux qu'elles nomment des *Paradis.* Au fond, on ne pense pas à grand'chose en voyant ces bohémiens ; mais les accords harmonieux que forment les tons énergiques et brillants que le peintre y a jetés au hasard attirent et fixent les yeux, comme les sons et les accords imprévus, souvent disparates, mais parfois si puissants de la harpe éolienne, étonnent et subjuguent l'oreille. M. Diaz, ainsi que M. Eugène Delacroix, à cet égard, peut être comparé à ces musiciens qui improvisent de très-beaux préludes, mais dont on attend toujours une composition complète. J'aime beaucoup moins les ouvrages de M. Diaz, lorsqu'il s'écarte des petites dimensions pour ses figures et ses petites scènes à moitié mythologiques, telles que la *Baigneuse tourmentée par les Amours* et l'*Amour désarmé*, qui sentent un peu trop les pastiches du Corrége. Pour être lui tout à fait, il faut que ce peintre se livre à sa fantaisie, et fasse des tableaux sans sujets précis. Depuis deux ans, cet artiste est poursuivi par une ombre, un sosie, M. Longuet, qui fait des tableaux *façon-Diaz* avec une facilité inquiétante. Toutefois, ces ouvrages du copiste pourront avertir le peintre original de ses défauts : un laisser-aller qui va jusqu'au mépris de la forme, et un coloris tant soit peu butireux, quand il peint de grandeur naturelle.

Je ne dirai que quelques mots sur un de nos habiles peintres, M. Decamps, qui traite toutes les espèces de sujets à sa manière, mais avec distinction et souvent avec supériorité. J'ai parlé de ses paysages ; en ce moment je signalerai deux de ses tableaux de genre, un *Intérieur de cour* et son

Troupeau de cannes, deux ouvrages où il a poussé à ses dernières limites la puissance du coloris et les effets de la lumière et du clair-obscur. Mais j'ai quelques observations d'un intérêt général à faire, non sur le talent de cet artiste, mais sur les procédés qu'il emploie pour peindre. Les siens ont cet inconvénient très-grave, selon moi, de préoccuper le spectateur au point de ravir une partie de l'attention qui ne devrait être donnée qu'au sujet et à l'ensemble de l'ouvrage. Ce que l'on a toujours admiré dans les œuvres des grands écrivains et des artistes fameux est le soin, l'art qu'ils mettent à cacher l'art. Dans les peintures de M. Decamps, au contraire, on dirait que l'artiste met de la coquetterie à laisser deviner les mille et un procédés dont il use pour poncer, peindre, repeindre, gratter, glacer et reglacer ses toiles. Passe encore quand c'est M. Decamps lui-même qui opère ainsi; mais ces pratiques nous ont valu un troupeau d'imitateurs maçonnant leurs tableaux, qui sont bien lourds et bien ennuyeux.

La disposition *labyrinthique* des salles d'exposition, et la multiplicité des objets qui s'y trouvent me serviront d'excuse pour le chapitre des omissions que je vais intercaler ici avant de terminer mon examen général. J'inscrirai en premier lieu le nom de M. G. Forceville-Duvette, auteur de la jolie statue en marbre du poëte *Gresset*, que cet artiste a offerte à l'académie d'Amiens, puis un buste de *Tourville*, par M. A. Leveel. Il y a aussi un tableau de M. Pils, *la mort d'une Sœur de charité* à l'hôpital Saint-Louis, environnée des malades et des pauvres qu'elle a soignés, ouvrage tout à fait digne d'une mention particulière, et qui aurait certainement dû être faite plus tôt. Je me fais le même reproche à l'occasion d'une tête de *Léda*, par M. Ziegler, et du joli tableau de M. E. Lévy, représentant la *Fête des Tabernacles* chez les Israélites du moyen âge. MM. L. A. Simil et Henri Delaborde ont également droit à une mention très-honorable : l'un pour *la Sainte-Vierge médiatrice* qu'il a peinte pour la cathédrale de Nîmes, l'autre pour deux peintures de genres différents : *le Christ acceptant sa Passion*, et *le Printemps* figuré par deux jeunes amants. Dans le mode historique, il y a encore une *scène de la Vie du désert*, où M. Matout a représenté d'une manière pittoresque une jeune femme près d'être dévorée par un lion.

Je recommanderai encore à l'attention particulière du public une composition renfermant les *portraits* de toute une nombreuse famille, traités avec un remarquable talent par M. Jacquant. Nous désignerons aussi des portraits ajustés dans des intérieurs par M. E. Collignon. Les personnes de goût ont remarqué le charmant *portrait* d'une jeune personne peint par M. J. Brémond. Il faut citer encore celui de M. Fould par M. Larivière ; deux grands *portraits* qui font honneur au pinceau de M. Abel de Pujol, un portrait d'homme très-énergiquement peint par M. Brunel-Rocques, et plusieurs ouvrages du même genre de MM. Caminade, Lépaulle, Bralle, L.-E. Coedes, L. Boulanger, Ducornet, de madame Anfray-Radou et de mademoiselle A. Brémond, qui tous renferment des qualités solides et ont un aspect agréable. Il y a aussi plusieurs peintres en miniature dont les noms ont été omis et qu'il est juste de citer; tels sont ceux de MM. Errani, P. Wilhelm, David, et de mademoiselle Sophie Duprat. Dans le genre tempéré et gracieux, M. F. Bouterweck a fait une jolie composition d'une *Nymphe luttant avec les Amours*. Trois paysagistes méritent aussi de ne pas être oubliés : M. Borget, auteur de *vues* intéressantes de l'Inde; M. Boisselier, qui a bien représenté la ville de *Rome ;* puis M. G. de Borromé, qui, en peignant un *ancien château-fort sur les bords du lac Majeur*, nous fournit l'occasion d'unir deux beaux noms qui réveillent de si nobles et de si gracieux souvenirs.

Reprenons maintenant le cours de notre examen. En peinture nous avons encore à désigner ceux et celles qui imitent les fleurs, puis les peintres de nature morte. Parmi les tableaux des *fleuristes*, on a remarqué celui de M. Ziem, peint avec hardiesse et chaudement coloré. M. E. Dubufe, le peintre de la dame rose, s'est aussi heureusement exercé en ce genre. M. Cosseman, auteur de deux portraits, a peint une *bourriche de fleurs*, et en outre des raisins, des fruits et des perdrix. Quant à M. B. Masson, il s'est chargé du *Triomphe des fleurs*, et M. Délinières a peint des fleurs et des fruits.

Madame Pauline Girardin, auteur de dessins à l'aquarelle fort habilement faits, en a exposé six où elle a rendu avec beaucoup de délicatesse des volubilis, des œillets, des roses, des camélias, sans oublier ces aimables *fleurs des champs*, les premiers trésors de l'enfance, que l'on chérit encore même à la fin de la vie. Madame Alfred Girbaud a reproduit avec beaucoup d'habileté, sur porcelaine, deux beaux tableaux de Van Spaendonck. Trois tableaux de fleurs et de fruits largement peints, l'un à l'huile, deux autres au pastel, font honneur au pinceau de mademoiselle Pauline Allain, et l'on a remarqué la *Guirlande déchirée* de mademoiselle Elise Wagner (de Lyon), ainsi que les pivoines, les roses et les capucines de madame A. Cobus (de Lunéville).

En fait de tableaux d'après la nature morte, je signalerai, en la mettant tout à fait à part, une excellente toile de M. A. Dauzats, représentant l'intérieur de *l'église Sainte-Catherine* au couvent du mont Sinaï. C'est un ouvrage plein de vérité et traité avec une grande délicatesse.

L'*atelier de Bourguignon*, peintre de batailles, a fourni à M. A. Couder l'occasion de peindre avec talent tous les objets, meubles, armes, draperies, cuirasses, pour lesquels on a tant de goût aujourd'hui. Les *Intérieurs* de M. Poirrot sont traités aussi avec beaucoup de vérité et de finesse; mais l'artiste qui excelle en ce moment pour peindre la nature morte, comme des fruits, des légumes, des chaudrons, etc., etc., est M. Philippe Rousseau. Il donne à tous ces objets une vivacité et une fraîcheur de coloris tout à fait remarquables. Cependant il fait, selon moi, une application plus heureuse encore de son talent en peignant les animaux. Ses deux chats ou *la part à deux* est un ouvrage plein d'esprit, de talent et de vérité.

Quelques copies faites sur porcelaine méritent de sincères éloges : *une Téte de Vierge*, d'après Raphaël, et *la Parabole du Semeur*, par mademoiselle Pauline Mareschal, ouvrage plein de délicatesse ; puis *le Dante* de M. E. Delacroix qui a été reproduit avec fidélité et énergie par M. J. Devers. Quant à madame Pauline Laurent, auteur des belles copies sur porcelaine de *la Belle Jardinière*, d'après Raphaël, et de la *Vénus*, d'après M. Ingres, je lui ai déjà rendu la justice qu'elle mérite.

Abordons maintenant les *dessins*, partie importante de l'exposition. Toutefois disons d'abord, non, comme on pourrait le croire, dans l'intention d'abréger notre travail, mais pour user d'une juste sévérité qui entrait dans les devoirs du jury, que sur la grande quantité de dessins reçus, il y en a au moins les quatre cinquièmes, croquis souvent spirituellement faits, je l'avoue, qui n'auraient cependant pas dû sortir de l'atelier ou des cartons des artistes. En effet, quel est aujourd'hui celui qui, maniant le crayon, n'a pas à montrer à ses amis, l'hiver, au coin du feu, une suite de *croquades* passables tracées d'après nature ou d'imagination? Mais cette semence, quelquefois précieuse, d'ouvrages que la réflexion, l'étude et la maturité du talent pourront faire germer et épanouir avec éclat, a besoin, ainsi que tout ce qui concourt à la production et à l'enfantement, d'être entourée longtemps de calme et de mystère. Aussi, pour conserver à ces *croquis* et *croquades*, à ces *premiers jets* si précieux *de la pensée* les inestimables avantages d'une existence inconnue, je n'en parlerai pas.

Notre attention se portera donc d'abord sur un fort beau dessin, composition remarquable de de M. Decamps où il a reproduit un de ses sujets favoris : *une Cavalerie turque traversant un gué*. Cet ouvrage, plein de caractère et de grandeur, est une des bonnes productions de cet artiste, qui emploie tous les modes de l'art avec distinction.

Imitateur studieux et plein de goût de la forme, sans rien sacrifier cependant de ce qui anime et agrandit un sujet. M. Alphonse François a fait un très-beau dessin où il a représenté *la Fille d'Hérode*, accompagnée de sa suivante et tenant la tête de saint Jean. La beauté éclatante de ces deux femmes ne frappe pas moins que la vérité et la finesse de leur expression, et je crois ne pas aller trop loin en avançant que cette belle composition est, dans le genre élevé, l'une des plus remarquables de l'exposition.

Il y a le profil d'une petite fille, dessiné, je crois, au pastel par M. Faivre Duffer, où la vie est empreinte avec une énergie remarquable; puis les deux *Romaines* de M. J. Vignon, qui ont cette majesté gracieuse propre aux femmes de ce pays.

Tous les dessins de M. Vidal sont traités avec charme et finesse; mais les qualités solides de son talent se manifestent particulièrement dans *les profils d'un frère et de ses deux sœurs*, où l'artiste, maintenu par le type commun aux trois têtes, en a cependant varié le caractère avec une délicatesse exquise. En regardant le dessin de ces trois enfants, on devine les réponses que chacun d'eux ferait sur une question donnée.

M. Bida a quelque chose de grave, de sévère même dans ses portraits dessinés, ce qui est tempéré par de la grâce et une finesse d'expression tout à fait remarquable. Quant à M. Goddé, son crayon est essentiellement gracieux, et quoique traitées sérieusement sous le rapport de l'art, ses têtes dessinées réalisent celles que l'on croit voir quand on fait des rêves couleur de rose.

En paysages dessinés, je citerai ceux si vrais et si élégants de M. Français, un *Souvenir de Rome* par M. A. Oudinot, qui rappelle bien le caractère de la campagne aux environs de cette ville, et les excellents paysages à l'aquarelle de M. Hubert.

Parmi les dessins-copies, j'ai remarqué le *Portrait de Cherubini* et *la Muse de la musique*, reproduits d'après M. Ingres, avec la plus grande fidélité, par M. P. Sudre. Je ferai le même éloge des copies dessinées que MM. Prévost et C.-V. Gaildrau ont faites l'un du *Dante*, de M. E. Delacroix, le second des *Exilés de Tibère*, de M. Barrias.

Malgré les espérances, selon moi mal fondées, de la plus jeune génération de nos artistes, qui se flatte de se distinguer des précédentes par la science et le charme du coloris, il est certain que tout ce que les peintres justement célèbres de l'école française ont laissé d'ouvrages durables, brille au contraire par l'entente de la composition et la science du dessin. C'est en effet par ces qualités que se distinguent surtout Le Sueur, Nicolas Poussin, Le Brun, Jouvenet et Vanloo eux-mêmes, puis L. David, Prud'hon, Guérin, Girodet, Gérard, Jéricho et Léopold Robert. D'autre part, qu'avons-nous en coloristes? Valentin, imitateur vulgaire du Caravage; Vouët, peintre de second ordre; Watteau, le plus habile de tous, mais qui semble avoir associé à tout jamais en France l'art du coloris à la peinture familière, bouffonne ou maniérée;

puis viennent quelques peintres de portraits, Rigaud, Largillière, Latour, et enfin de notre temps le peintre Gros. Évidemment la comparaison de ces deux groupes d'artistes fait ressortir nettement les dispositions naturelles des peintres français qui les portent à traiter des sujets graves et par conséquent à diriger leur attention et leurs études sur les parties les plus sérieuses et les plus importantes de l'art. Je suis bien éloigné de croire que la France ne puisse pas produire un grand coloriste ; mais jusqu'ici on est autorisé à penser et même à dire que, le galant Watteau excepté, aucun de nos véritables grands maîtres ne mérite ce titre ; d'où je conclus que nos jeunes artistes feront bien de profiter de ce sage avertissement de La Fontaine :

> Ne forçons pas notre talent ;
> Nous ne ferions rien avec grâce.

En effet, si l'on considère quels sont les meilleurs tableaux de l'exposition, et lorsqu'on voit avec quelle supériorité le dessin est traité par nos artistes, on sera forcé de convenir que c'est par cette qualité, et la composition qui en procède, qu'ils se distinguent particulièrement.

A l'appui de cette opinion vient la supériorité non moins incontestable de nos graveurs en taille-douce, qui s'est toujours soutenue depuis Edelinck jusqu'à nos jours. Nos émules, car je ne les crois pas encore nos rivaux en ce genre, les graveurs allemands, sont les seuls en Europe qui aient lutté avec les nôtres pour reproduire les grandes compositions des maîtres. Malgré le mérite incontestable de Raphaël Morghen, de Longhi et de Toschi, la gravure italienne manque de fermeté et souvent de style. Quant aux Anglais, si habiles dans l'art du burin, ils ne l'ont employé et fait briller de tout son éclat que dans des compositions représentant des sujets modernes, comme la mort du général Wolf, et surtout la bataille de La Hogue, où Woolet a peut-être atteint à la perfection du travail en taille-douce.

Quant aux reproductions gravées en Angleterre des œuvres de Raphaël, de Michel-Ange ou du Poussin, aucune d'elles ne peut être comparée aux travaux des Edelinck, des Drevet, des Poilly et des Audran.

Sans prétendre que les graveurs de nos jours égalent en mérite ces artistes fameux, il est certain au moins qu'ils se rattachent immédiatement à leur école. La gravure est de tous les arts en

France celui qui a toujours le plus victorieusement combattu les influences impérieuses de la mode; et même sous le règne de Louis XV, où l'art était tellement dégénéré, les Mariette, les Dupuy, les Dorigny, les Larmessin employaient leur burin à reproduire les compositions de Raphaël, d'Andrea del Sarto, de Le Sueur et de Poussin.

Ceux de nos jours n'ont point dégénéré à cet égard; et si l'on voit à l'exposition des nuées de gravures et d'eaux-fortes, traitées d'ailleurs avec beaucoup d'esprit et de talent, mais où les artistes ont été forcés de sacrifier aux fantaisies du jour, il en est aussi quelques-unes, en taille-douce et reproduisant des sujets de haut style, qui maintiennent la dignité de l'art; et c'est particulièrement de celles-là que nous allons nous occuper.

L'une des gravures en taille-douce qui mérite d'être particulièrement mentionnée est celle que M. Achille Martinet a faite d'après une charmante composition de M. P. Delaroche, *Marie dans le Désert*. Finesse et fermeté de dessin, emploi très-habile du burin sans cependant que le travail de la main empiète sur ce que l'art le plus délicat réclame, telles sont les qualités qui distinguent ce nouvel ouvrage d'un de nos plus habiles graveurs aujourd'hui.

M. E. Mandel, que je crois étranger, a exposé trois gravures en taille-douce tout à fait distinguées : *la Vierge aux étoiles*, d'après Carlo Dolce, un portrait de l'Électeur de Brandebourg, et celui de Charles Ier, d'après Van Dyck. Dans ce dernier ouvrage, l'habile artiste semble avoir épuisé toutes les ressources de son art pour rendre avec le burin la suavité de pinceau, cette transparence des chairs, ainsi que la richesse des accessoires du tableau de Van Dyck.

Quoique la gravure du *Christ rémunérateur*, faite par M. A. Blanchard, soit déjà bien connue des amateurs, nous nous plaisons à la signaler ici comme un travail plein de simplicité, de grandeur et de charme, qualités qui distinguent le beau tableau de M. Ary Scheffer, que le graveur a reproduit avec autant de fidélité que de bonheur.

Deux frères, je le suppose au moins, MM. Alphonse et Jules François, ont gravé chacun un tableau d'après M. P. Delaroche. Le premier a reproduit l'éducation de *Pic de la Mirandole*, à qui sa mère montre les lettres, l'autre *Bonaparte à Fontainebleau*. Ce sont deux fort bons ouvrages, traités sérieusement, qui intéresseront le public, feront grand honneur aux artistes, et satisferont sans doute M. Delaroche, car c'est un grand point pour un peintre que d'être bien gravé! M. Alphonse François est l'auteur du beau dessin d'Hérodiade.

Outre des gravures curieuses et bien traitées, par lesquelles M. A. Olesczynsky, Polonais, a reproduit d'anciennes peintures du nord, cet habile artiste a très-largement gravé au burin une fort belle étude d'un homme nu sciant du bois.

M. Schuller a reproduit en taille-douce une *Vierge* et *le Sommeil d'un Ange* d'après le Corrége. Ces gravures qui font honneur au burin de cet artiste, avaient été commencées par feu Muller, l'un de nos plus habiles graveurs, que la mort a enlevé prématurément. *La Théologie*, d'après la peinture de Raphaël au Vatican, a été gravée par M. Saint-Eve, pensionnaire de Rome. Peut-être pourrait-on trouver un peu de mollesse dans cet ouvrage, qui d'ailleurs a des qualités solides et un aspect agréable. Il y a du mérite dans *les Aveugles de Jéricho*, gravés par M. Garnier. On désirerait cependant que le travail du burin eût été traité avec plus de finesse et d'aisance. *La Vierge au coussin vert*, gravée par M. Butavand, d'après Andrea Solaino, est un ouvrage agréable.

La gravure de *la Smala* d'après M. H. Vernet est, comme c'est aussi le cas du tableau, la plus grande que l'on ait faite jusqu'ici ; elle a un mètre dix centimètres de largeur. Mais à part cette nouveauté, le dessin de cette vaste composition, fait par l'un de nos plus habiles dessinateurs, M. Massard, a été parfaitement bien gravé à l'eau-forte avec retouches au burin, par M. Auguste Burdet. C'est une louange à donner à cet habile et intelligent artiste que de faire remarquer avec quelle persévérance active il a rendu également bien l'immense quantité des détails qui entrent dans ce tableau ; puis de faire ressortir la finesse du travail de cette planche où tout, figures, animaux, paysage et accessoires, est traité avec une variété de faire infinie.

M. Le Roux a fait preuve de talent en gravant une partie du tableau de M. Decamps, *la Défaite des Cimbres*. En obéissant à l'originalité du peintre, le graveur a imprimé de l'originalité au travail de son burin. M. Le Roux est un traducteur fidèle et intelligent.

L'auteur du tableau de *la Vision de Zacharie*, M. Laemelin, a gravé à l'eau-forte *la Vision de*

Jacob, composition pleine d'imagination, et rendue avec finesse sur le cuivre.

M. Bridoux a reproduit en taille-douce, et avec talent, le portrait que M. Winterhalter a fait du feu roi Louis-Philippe, et dont la ressemblance est frappante. Une autre gravure au burin, *Agar et Ismaël*, d'après M. Eustake, fait honneur au talent de M. Bridoux.

Une assez grande quantité de *fac-simile* très-habilement gravés d'après les dessins des grands maîtres italiens, sont dus à MM. Bein, Butavand, P. Chenay, Dien, A. Le Roi, A. Masson et Rosotte.

Madame B. Girard a fidèlement reproduit en gravure le Pape Pie IX au Quirinal, d'après un dessin de M. Léon Benouville, et cette artiste n'a pas été moins heureuse en gravant les portraits réunis de deux architectes, MM. A. Leclerc et Prévost, d'après M. Ingres.

Avant de donner une idée des travaux des lithographes et des architectes, complément de notre examen de l'exposition de 1850-1851, nous consacrerons quelques lignes à un ouvrage de sculpture dont nous ne nous sommes point encore occupé, le *Caïn* de M. L. Jéhotte.

Cette statue, de grandeur naturelle, faussement

indiquée comme *statuette* dans les premières éditions du livret, avait, par cela même, échappé à notre attention. La figure de M. Jéhotte se recommande par l'étude sage de la nature. Quant au sujet, quant à l'intention donnée au personnage nu, reculant et levant le bras en signe de crainte ou d'étonnement, elle est peut-être un peu vague, à ce point même que, le livret ne donnant d'autre indication que le nom de *Caïn*, on reste dans l'indécision de savoir si ce personnage est représenté après le meurtre de son frère ou lorsqu'il est maudit, ainsi que sa race. Quoi qu'il en soit, les efforts du statuaire ont été le sujet d'une admiration qui rendrait nos louanges bien froides, et nous nous bornerons à dire que le Cercle artistique et littéraire de Liége a voté et fait frapper une grande médaille sur laquelle on voit d'un côté le *Caïn* de M. Jéhotte, et de l'autre le portrait et le nom de cet artiste.

Parlons donc maintenant de la lithographie et de l'architecture.

J'ai déjà eu l'occasion de faire observer que les épreuves daguerriennes et photographiques menacent de supplanter quelques branches des arts graphiques, telles que le portrait et les dessins représentant des vues de monuments, d'architecture et de sculpture, de villes, de paysages, de plantes et d'animaux. J'ai même été jusqu'à dire, ce que je répète avec plus de confiance encore, que les scènes familières, dites de genre, n'auront bientôt plus la chance de lutter avec celles que l'on obtient immédiatement, d'après nature, par le procédé de la photographie.

A ces présages inquiétants, je l'avoue, pour quelques artistes, mais auxquels il est indispensable qu'ils portent une attention prévoyante, j'ajouterai quelques observations sur l'influence favorable que les procédés daguerrien et photographique ont déjà exercée sur celui de la lithographie, qui leur est antérieur.

Ceux qui ont assisté et pris part aux premiers essais tentés en lithographie doivent se souvenir du peu de foi que beaucoup de personnes, et les graveurs entre autres, avaient dans le perfectionnement de ce procédé naissant. Les résultats grossiers, quant au travail, que l'on obtint d'abord, furent désignés comme des défauts inhérents au procédé même, et par cela seul insurmontables. Mais on sait aussi ce que la patience et le talent réunis n'ont pas tardé à produire; et les ouvrages de MM. Aubry-le-Comte, Sudre et Léon Noël, en lithographie, sont encore là pour témoigner des progrès immenses qu'ils ont fait faire à ce mode de l'art du dessin.

Il faut dire cependant, si remarquables que soient les perfectionnements de la lithographie que j'appellerai classique, et avec laquelle les artistes se sont proposé de rendre les ouvrages sérieux des grands maîtres, qu'elle est restée, jusqu'ici, très-inférieure à la gravure au burin. Mais pour les sujets familiers, satiriques ou burlesques; mais quant aux paysages, aux vues de monuments, aux vignettes et autres objets de fantaisie, la lithographie les reproduit et les imite aujourd'hui avec une supériorité marquée; et j'attribue en grande partie les perfectionnements de ce procédé aux progrès rapides qu'ont fait faire aux leurs les daguerristes et les photographes. Il s'est introduit, entre tous ces moyens de reproduire l'apparence des objets visibles, une concurrence spontanée, fatale, mécanique si l'on veut, analogue à celle qui s'est forcément établie entre la marche rapide des wagons sur les chemins de fer et le train habituel des chevaux de voitures publiques, qui sont devenus, on ne sait comment, infiniment plus lestes et plus prompts qu'autrefois.

Considérée en tant que procédé, la lithographie a donc fait d'immenses progrès; et comme tout en ce monde semble conspirer et s'unir à chaque époque pour faire mûrir l'idée et les goûts qui dominent les imaginations à un instant donné, la lithographie au moyen de laquelle on reproduit si heureusement les idées, les formes et les compositions dans les genres tempérés, secondaires et inférieurs, est venue en aide à ce mode de peinture que j'ai essayé de définir et de caractériser, le *genre*. Dans ce cas, non-seulement la lithographie est un excellent moyen de reproduction, mais il est préférable à la gravure en taille-douce et à l'eau-forte, la première se prêtant difficilement à rendre les objets qui ne sont pas très-nettement dessinés, l'autre péchant par la maigreur du travail et par la difficulté qu'elle présente pour exprimer les effets de la lumière et du clair-obscur.

Ce procédé, d'ailleurs, étant plus expéditif, moins dispendieux et susceptible d'être employé par toute personne qui manie le crayon, il en résulte qu'on y a plus fréquemment recours, et que par cette raison, la lithographie, cette branche de l'art, étant journellement cultivée par un grand nombre d'artistes habiles, les progrès du procédé se multiplient avec promptitude et sont cause, en dernière analyse, que l'on se sent disposé à composer de préférence des sujets qui seront facilement et promptement mis au jour par la lithographie. On voit donc, comme je viens de le dire, que la commodité et le perfectionnement de ce procédé, d'une part, et de l'autre, le goût si général que l'on a pour la peinture de genre étant tour à tour cause et effet, ils concourent à flatter le goût dominant de nos jours. Aussi le nombre des bons lithographes est-il relativement très-grand.

On publie en ce moment, sous les auspices de MM. H. Baron, Français, E. Leroux, Célestin Nanteuil et Mouilleron, un recueil intitulé : *Les artistes anciens et modernes*. Les feuilles de ce précieux album sont déjà nombreuses, et comme la plupart des lithographies qui le composent figurent à l'exposition, je ne puis mieux faire que de les mentionner ici, avec d'autant plus de raison même, qu'elles sont toutes fort bonnes, que quelques-unes sont de petits chefs-d'œuvre en ce genre, ce qui sera compris facilement quand on saura que ces lithographies sont exécutées par les artistes mêmes que je viens de nommer.

Ce recueil, déjà riche de cinquante pièces, et dont le titre est : *Les artistes anciens et modernes*, a cela de particulier qu'à l'exception de trois dessins, l'un d'après Van Ostade, et les deux autres, *fac simile* de jolis croquis de Prud'hon, tous ceux qui suivent sont faits d'après les compositions des artistes de la jeune école, tels que MM. Decamps, E. Delacroix, Meissonnier, H. Baron, Couture, H. Zorg, A. Bénouville, E. Leroux, Robert Fleury, Gendron, Marilhat, Célestin Nanteuil, Diaz, Troyon, A. Guignet et Chevaudier de Valdrome. Or, à l'exception d'une des lithographies d'après Prud'hon, de celle que M. Mouilleron a dessinée d'après le *Brigand mourant* auprès d'un ruisseau, fort belle composition de M. E. Delacroix, et des *Arabes traversant un gué*, de M. Decamps; dans les autres, où le paysage domine presque toujours, les sujets sont gracieux, coquets et ordinairement familiers. En d'autres termes, les compositions dites de genre forment l'ensemble de ce recueil, où il n'apparaît pas même une seule composition de haut style, telle que celles des grands maîtres jusqu'à l'époque de L. David.

Ce recueil est et sera doublement précieux : d'abord, parce qu'il manifeste clairement le goût pour la peinture de genre, qui gouverne et domine également les artistes en ce moment et le public; puis ensuite par cela même qu'il offre les spécimen les plus parfaits jusqu'ici de la lithographie si favorable pour rendre et multiplier ces compositions de genre, qui semblent destinées à faire oublier celles de haut style, à moins que quelque génie vigoureux, s'élevant dans la solitude et se débarrassant des goûts factices et des préjugés de salon, qui font considérer comme naturel tout ce que la mode a sanctionné, ne vienne remettre les choses et les hommes à leur véritable place.

Je ne saurais donc trop le dire : les lithographies des artistes qui ont concouru à l'exécution de ce charmant recueil *Les artistes anciens et modernes* sont, relativement aux sujets donnés, faites avec autant d'intelligence pittoresque et de talent qu'on peut le désirer; c'est l'idéal de l'album élevé à sa plus grande puissance.

Toutefois, je dois citer comme le chef-d'œuvre du procédé lithographique un dessin de M. L.-E. Soulange Teissier, d'après un *Intérieur de forge* de M. Ciceri. Cette fois, c'est une composition *de genre* dans toute la rigueur du mot. On n'y voit qu'un lieu obscur et des outils épars éclairés par une lumière vive, mais étroite; et nulle figure, pas même d'animaux, n'y apparaît. Mais le clair-obscur, c'est-à-dire la lumière réflétée dans les trous les plus sombres, s'introduit partout, et le travail lithographique est pratiqué et conduit avec tant d'art et d'habileté, que dans cette *forge*, où il n'y a qu'un petit point lumineux, rien, d'ailleurs, n'est noir. Cette transparence dans les ombres obtenue par M. Soulange, résultat, dit-on, d'un procédé qui lui est propre, est un perfectionnement matériel de la plus haute importance. Mais, en fin de compte, la lithographie s'épure dans l'intérêt des compositions dites de genre, qu'elle multiplie, et dont elle répand et augmente de jour en jour le goût.

L'année dernière, j'avais déjà fait et constaté la remarque que cette fureur archéologique qui s'est emparée des architectes depuis douze ou quinze ans s'était calmée. A l'exposition de cette année, les dessins scientifiques et les restaurations de monuments, soit de l'antiquité, soit du moyen âge ou de la renaissance, sont encore plus rares. Doit-on en attribuer la cause à un changement d'idées chez ces artistes ou au défaut de vieux édifices propres à ces études, dont le nombre a dû diminuer après les recherches minutieuses que l'on en a faites et les nombreuses études dont ils ont été l'objet? Ces deux motifs, simultanément cause et effet, ont dû naturellement ralentir l'ardeur studieuse qui s'éteint faute d'aliment. Quoi qu'il en soit, le nombre des *projets* est double cette année de celui des *études archéologiques*, car il y a huit de ces dernières contre seize projets.

La plupart de ces projets ont cela de particulier que les auteurs ont eu l'idée de composer des édifices qui puissent recevoir immédiatement une destination précise et répondre à des besoins physiques et moraux qui ont l'air de se faire sentir vivement au milieu de la société telle qu'elle est aujourd'hui. L'examen critique approfondi de la plupart de ces projets, non-seulement exigerait des discussions beaucoup trop étendues pour trouver place ici, mais entraînerait encore celui qui ne craindrait pas de s'y livrer, à l'examen préliminaire des théories religieuses, politiques et sociales qui semblent avoir servi de point de départ à quelques-uns des auteurs de ces projets d'édifices publics. Je me bornerai donc à en exposer brièvement, mais avec le plus de lucidité qu'il me sera possible, la disposition générale, l'utilité présumée et le principe de leur composition, afin que les personnes intéressées à connaître plus particulièrement ces travaux spéculatifs de nos architectes, sachent qu'ils ont été tentés, et puissent avoir recours aux auteurs pour obtenir de plus amples renseignements.

M. F. Brunet-Debaisnes présente un projet de *palais central des arts et de l'industrie*, compris dans le projet de restauration des Tuileries et du Louvre. Outre les emplacements désignés par l'auteur pour un Opéra, un Château-d'Eau sur la place du Palais-Royal, entre les rues Saint-Honoré et de Rivoli, ce projet comprend, à part encore les musées qui existent déjà au Louvre : dans l'aile du nord, la Bibliothèque nationale; dans celle du sud, les galeries destinées aux expositions périodiques des produits des arts et de l'industrie; dans le palais des Tuileries, tous les agrandissements qui peuvent devenir nécessaires pour les services des musées et de leurs administrations: puis, enfin, des salles pour la distribution des récompenses.

Un projet demandé par l'un des ministres des travaux publics, sans doute sous le gouvernement provisoire, et soumis au conseil des bâtiments civils, le projet d'un *hôtel des invalides civils*, qui pourrait être établi sur les terrains de l'ancien parc de Montrouge, a occupé M. Constant Dufeux, ancien pensionnaire de Rome. Les invalides civils, au nombre de mille, seraient, d'après le projet, divisés en trois classes : les *chefs d'industrie*, les *chefs d'atelier* et les *ouvriers*, que l'on distribuerait dans vingt-deux corps de bâtiments distincts, unis par des galeries, et où se trouveraient, outre les logements proprement dits, des galeries où seraient exposés les spécimens des principales créations industrielles, les ouvrages imprimés qui se rapportent à l'industrie, etc., etc. Quant à ce qui touche à la vie morale et physique, comme église, chapelle et aumônerie, puis promenades, infirmerie, boulangerie, cuisine, lingerie, etc., tous ces détails sont prévus par l'architecte et distribués dans un ordre analogue à celui qui est établi à l'hôtel militaire des Invalides. Sans parler ici des dispositions architectoniques de cet édifice, je ferai observer seulement que M. C. Dufeux limite le nombre des invalides civils qui pourraient y être admis à mille : cent quatre-vingt-neuf chefs d'industrie, dix-neuf chefs d'atelier et sept cent quatre-vingt-douze ouvriers. Cette répartition, le nombre total des invalides civils étant admis, répond-elle aux justes prétentions que pourrait faire valoir ce monde d'industriels de toute classe et de toute espèce qui forment aujourd'hui une portion si exhorbitante de la population en France? J'en doute fort; car l'accroissement de la population, des produits industriels, artistiques et littéraires est si rapide, qu'il me semble impossible de donner des limites fixes aujourd'hui aux hôtels de refuge, aux hospices, ainsi qu'aux salles d'exposition, aux musées et aux bibliothèques. Je ne connais à Paris qu'un édifice qui se prête, sans perdre son caractère primitif d'architecture, à une extension à peu près indéfinie : c'est le palais du Luxembourg, auquel on a ajouté une cour et un nouveau corps de logis du côté du jardin, adjonction à laquelle on pourrait en faire succéder huit ou dix autres jusqu'à l'Observatoire. Avec l'extravasion continuelle de tout ce que l'activité fébrile de l'imagination humaine produit maintenant, je ne connais qu'un type, qu'un point de départ pour le plan des édifices publics à construire aujourd'hui : c'est la disposition des tables de salle à manger établies sur des coulisses, et dont l'extension se fait facilement, en raison du nombre des convives. Un hôtel de secours, un hospice, une école, un musée, une bibliothèque, une salle d'exposition qui ont des limites fixes sont, de nos jours, des contre-sens. Si grand que soit l'énorme bâtiment élevé pour l'exposition universelle à Londres, il sera trop petit si on veut renouveler cette solennité dans trois ou quatre ans.

J'indiquerai seulement les projets d'une *Colonie agricole et industrielle*, ainsi qu'un *Etablissement de bains et lavoir* pour les classes laborieuses, étudiés avec soin par M. J. Delbrouck; je signalerai également la deuxième partie du projet de l'*Achèvement du Louvre*, exposé en 1849 par M. P. C. Dusillon; puis des *Bains publics par ablution*, par M. J. Geslin; la *Maison de retraite* pour les blessés et les vieillards qui auraient exercé des professions industrielles, projeté par M. Godebœuf; ensemble de compositions conçues d'après les mêmes idées qui ont éveillé l'imagination de M. C. Dufeux.

Depuis plus d'un demi-siècle que je suis la marche des arts, j'ai toujours vu l'architecture, malgré son caractère naturellement grave, se soumettre cependant aux caprices des modes qui se sont succédé. C'est ainsi qu'à partir des compositions capricieuses de Ledoux pour ses barrières dont on achevait la construction dans mon enfance, j'ai vu employer successivement jusqu'à dix styles vantés et suivis exclusivement par nos architectes. Ainsi, les styles romain, grec, étrusque, égyptien, de Pompeïa, de Bysance, des basiliques latines, de la renaissance jusqu'au gothique enfin, ont eu chacun leurs jours de puissance et d'éclat; et, de 1789 à ce moment, les architectes ont adopté un de ces modes, l'ont pris pour base d'enseignement dans leurs écoles, assurant bien leurs élèves que le style en vogue qui était adopté, suivi et enseigné par eux, était le seul pur, le seul vraiment bon, celui, enfin, qui devait mettre définitivement un terme aux fluctuations du goût dans l'art.

L'un des résultats de ces enthousiasmes successifs, dont on peut rire ou pleurer, selon la disposition d'esprit, est le mépris que chaque génération d'architectes a et manifeste pour le goût, le talent et les œuvres de ceux de leurs confrères qui ont été célèbres avant eux. Ce dénigrement héréditaire et l'engouement pour le style d'architecture en vogue, ont été si forts et si habituels depuis un demi-siècle et plus, que je me suis presque toujours abstenu, comme je le fais encore aujourd'hui, d'émettre des observations critiques sur les élévations et les ornements des *projets*, partie de l'art qui relève essentiellement du goût. Et, en effet, sur ce point, et dans ce moment en particulier où les voyages simplifiés ont rendu l'étude des architectures de tous les pays familières aux artistes, il n'y a pas moyen de s'entendre en fait de style architectonique. Je me borne donc à exposer l'objet et la disposition générale des édifices projetés.

Je signalerai donc encore une *École régionale d'agriculture* pour cent élèves, à ériger dans l'est de la France, projet au moyen duquel M. Léon Isabey s'est efforcé de répondre à tous les besoins moraux et physiques des élèves qui seraient admis dans un pareil établissement. On voit encore l'étude qu'a faite M. P. Jumelin d'un projet de *Grenier d'abondance* destiné à la conservation indéfinie des grains, en appropriant à nos climats le système de silos; puis les plans, coupe et élévation d'un *Phare* à élever au centre du Champ-de-Mars, projet de M. A. Monge.

Dans la donnée de l'architecture *utilitaire*, les projets de M. P. Landry sont ceux qui se rattachent le plus rigoureusement aux *Salentes*, dont l'illustre archevêque de Cambrai a le premier indiqué l'idée. Les projets de M. Landry, dont l'ensemble n'en forme qu'un, consistent dans l'*Esquisse d'une ville philosophique*, mais dont *la synthèse architectonique*, dit l'auteur, ne peut être comprise sans l'examen de la *théorie des villes*, laquelle expose le principe d'après lequel on obtient air et soleil pour tous, vue et conditions hygiéniques, le maximum de la valeur des terrains et le minimum des distances à parcourir. A ces deux premiers projets en sont adjoints deux autres comme application des principes établis par la théorie : l'un d'une *Colonie de l'Algérie*, l'autre d'une *Cité industrielle*.

Ceux qui ont habité Turin ou Nancy doivent se souvenir de l'espèce de chagrin inexplicable dont on est saisi lorsqu'on a parcouru pendant sept ou huit jours ces cités régulières dont les rues forment des compartiments égaux comme les cases d'un damier. Les villes de M. Landry n'en diffèrent que par la figure géométrique qui a servi de point de départ à l'artiste ; car au lieu d'établir le système de direction de ses rues sur le carré, il les a alignées sur des triangles, en sorte que les plans de ces nouvelles Salentes ressemblent assez à celui du jeu appelé *le renard*. Mais enfin, comme il est dans les choses possibles que nos descendants en soient réduits à vivre ainsi parqués dans des *villes philosophiques*, il sera peut-être curieux, à un temps donné, de trouver dans le présent livre l'époque précise à laquelle ces conceptions ont commencé à être mises, au moins sur le papier, en voie d'exécution.

Toutes les compositions dont il vient d'être

question ont pour objet plus particulier le bien-être physique de l'homme, et il est même évident que ces projets dérivent plus ou moins directement de l'idée phalanstérienne, le dada de tous les rêve-creux de notre temps. Quant à M. A.-M. Garnaud, ses travaux ont pour objet quelque chose de moins terrestre. Sous le titre général d'*Essai sur le caractère des édifices religieux au dix-neuvième siècle*, il a donné une suite de plans, de coupes et d'élévations d'un certain nombre d'églises, depuis celle destinée à la plus petite commune jusqu'à la métropolitaine du monde catholique. Ce travail, fait avec talent, et qui peut trouver des applications utiles, serait l'objet d'une critique longue et laborieuse, s'il fallait le juger sous le rapport du goût; car, depuis le système de construction jusqu'à celui des ornements, tout présente un mélange de ceux qui ont été suivis depuis les premières basiliques chrétiennes jusqu'aux églises de nos jours. Mais, ainsi que je l'ai dit, l'imagination des artistes est en mal d'enfant, il faut lui laisser achever son œuvre en toute tranquillité.

Telles sont les compositions les plus importantes exposées cette année par nos architectes. Voici maintenant l'énoncé pur et simple des travaux de ceux qui se sont bornés à faire des études archéologiques sur les monuments de l'antiquité ou sur ceux qui ont été élevés depuis le christianisme. Une intéressante *restitution de la villa de Pline-le-Jeune*, par M. J. Bouchet; des études bien faites sur les Propylées d'Athènes, par M. A. Chaudet; puis un cadre renfermant des dessins curieux d'après les antiquités de l'ancienne église de Sainte-Geneviève, parmi lesquels se trouve une vue générale des fouilles faites en 1807 pour retrouver les tombes de Clovis, de la reine Clotilde et de leur fille Clotilde. Ce travail est de M. B.-A. Doubla, fils de l'architecte qui fut chargé de faire ces fouilles et de recueillir les tombes, perdues depuis, et dont il ne reste que le souvenir dessiné qui est exposé aujourd'hui. On doit aussi à M. L.-P. Hérard un bon et consciencieux travail sur l'abbaye de Maubuisson, dont la construction et les ruines qui en restent, remontent au XIIIe siècle. Il faut citer encore M. A.-J. Magne, qui s'est appliqué à consacrer le souvenir et à faire connaître les détails d'un édifice commencé vers la fin du XIe siècle et qui fut fini seulement au XVe, l'église de la Sainte-Trinité de l'ancienne abbaye de Marigny, dans le département de Seine-et-Oise, commencée par les religieux de l'ordre de Saint-

Benoît. M. P. Manguin a fait aussi de curieuses études archéologiques sur *la crypte de l'église Saint-Laurent*, à Grenoble; sur *l'arc antique* de Dié, département de la Drôme; et sur *l'église de Notre-Dame-de-Colma*, édifice du xiiie siècle. M. P.-E. Mouton n'a pas montré moins de zèle en donnant des dessins d'une vue intérieure du *monastère de Clairvaux*, de la *crypte de Queberdevoie* et d'autres monuments du moyen âge.

Ici se termine l'examen que j'ai entrepris des différents objets d'art exposés en ces années 1850-1851.

X.

RÉSUMÉ. — CONCLUSIONS.
CRITIQUE.

Dès les premiers jours de l'exposition, après un examen attentif quoique rapide, je disais : « que le niveau poétique de l'art qui a baissé si sensiblement depuis une vingtaine d'années, est tombé encore plus bas depuis 1849; et que la majorité de ceux des jeunes artistes doués d'énergie et de quelque talent, sont entraînés à ne traiter que des sujets réels, vulgaires même, en s'appuyant sur les modes d'imitation légués par les maîtres de la décadence de l'art. »

Trois mois d'un examen scrupuleux n'ont rien chang à ce premier jugement; et en somme, c'est la peinture dite de *genre*, l'art ravalé au goût des amateurs qui est particulièrement recherché et cultivé aujourd'hui; c'est au développement de ce mode inférieur, *le genre,* que les jeunes talents se consacrent; c'est en le traitant qu'ils se montrent avec le plus d'éclat.

Les *Condamnés* de M. Charles Muller, autant par les qualités brillantes qui s'y trouvent que par les défauts qu'ils renferment, résument complétement l'état de l'art à l'exposition de 1851 : la transition du style élevé au style vulgaire, ou en d'autres termes l'abandon de la peinture historique et le triomphe de la peinture de genre. Vainement l'artiste a-t-il cherché à donner le change au public et à s'abuser lui-même, en prodiguant des figures colossales sur une toile immense, son sujet tel qu'il l'a conçu et présenté n'est tout au plus qu'anecdotique, et la manière dont il est exécuté le fait ranger dans la catégorie des tableaux de genre.

Dans l'ouvrage de M. C. Muller l'appareil dramatique fait encore briller une lueur de pensée qui intéresse l'âme; mais il n'en est plus ainsi dans les productions des peintres purement *naturalistes.* Alors il ne s'agit plus comme on l'a cru jusqu'ici, d'élever l'esprit en lui présentant les idées revêtues des formes les plus belles, les plus délicates que la vue puisse saisir. Non; l'intelligence et l'œil du peintre *naturaliste* sont transformés en une espèce de daguerréotype qui, sans volonté, sans goût, sans conscience se laisse pénétrer par l'apparence des objets quels qu'ils soient, et en rend mécaniquement l'image. L'artiste, l'homme renonce à lui-même; il se fait instrument, il s'aplatit en miroir, et son principal mérite est d'être bien uni et d'avoir reçu un bon tain. Ce système de peinture sauvage, ce résultat d'un art avili et dégradé, ont été présentés, développés avec une témérité presque cynique par un homme doué d'ailleurs heureusement par la nature, M. Courbet. Mais grâce aux qualités réelles que renferme l'*Enterrement à Ornus,* on a porté sur cette tentative monstrueuse, une attention que n'aurait pu faire naître un ouvrage dû à une main tout à fait inhabile; aussi l'inspection grave de cette étrange production, a-t-elle fait apprécier le *naturalisme* en peinture, à sa juste valeur; et M. Courbet qui, dans un seul ouvrage, l'*Enterrement à Ornus,* s'est montré tout à la fois, le Cimabuè, le Masaccio et le Michel-Ange de ce genre, a donné la mesure exacte de l'impasse courte et étroite où sa muse pittoresque et lui se sont engagés.

Quant aux faiseurs d'*ébauches*, de *pochades* et de *tartouillades*, la très-petite monnaie des peintres naturalistes, leur armée beaucoup trop nombreuse, se compose d'hommes impuissants à devenir jamais de véritables artistes, qui se bornent à profiter, avec plus ou moins d'habileté, de la niaiserie de certains amateurs pour leur vendre les produits de leur ignorance et de leur déplorable facilité à imiter la patine et les couleurs enfumées des vieux tableaux. C'est le degré le plus bas où l'art puisse tomber.

Si l'imitation brute et sans choix de la nature, tend à ruiner l'art élevé, ce *naturalisme* modifié et contenu par les exigences de la peinture de portrait, est au contraire favorable à ce dernier mode. C'est en effet ce qui a été démontré à l'exposition par cinquante ou soixante ouvrages de ce genre qui outre le charme qu'ils offrent aux yeux, peuvent supporter l'examen scrupuleux des connaisseurs les plus sévères. Mais tout en reconnaissant la supériorité avec laquelle le portrait est traité aujourd'hui, il ne faut pas perdre de vue que cet avantage est dû particulièrement au peu de goût que l'on montre pour les compositions d'un genre élevé, ce qui décourage les artistes de talent et les force de traiter des genres secondaires.

Depuis vingt ans à peu près le paysage est traité avec une habileté remarquable en France, et dans le cours de mes examens j'ai eu l'occasion de prouver que sous ce rapport l'exposition de 1850 n'était pas inférieure aux précédentes. Seulement je me suis fortement élevé contre un abus grave qui s'y est introduit, celui d'avoir admis des ébauches, des croquis, des pochades de paysages, dont on serait tout disposé à reconnaître la hardiesse, l'harmonieuse disposition et le jet heureux, si le peintre les montrait dans son atelier; mais qui sont évidemment déplacés dans une exposition publique instituée pour donner une idée de ce que nos artistes peuvent achever de plus parfait. J'ai dit et je crois devoir répéter : que *les croquis, les premières idées* des grands maîtres qui n'existent plus, sont les seules fantaisies de ce genre qui puissent recevoir les honneurs d'une exposition publique, mais que c'est une présomption et une vanité condamnables qui poussent de jeunes artistes à peine connus, à encombrer les murs de nos expositions d'un amas de *croquades* qui ont d'autant moins de prix aujourd'hui, que la quantité des gens qui en font de bonnes, est innombrable.

En traitant de la peinture dite de *genre* j'ai déterminé le caractère et le rang de ce mode inférieur de l'art, produit par ce renversement de principes:

que l'imitation exacte du naturel est le but de l'art, et que peu importe le choix du sujet pourvu qu'il soit fidèlement reproduit; puis j'ai cherché à faire comprendre comment le goût du naturalisme exagéré par les résultats des procédés du daguerréotype et de la photographie, concourent, avec l'indifférence du public pour la peinture élevée, à réduire l'art à la simple imitation du naturel, but unique du peintre de genre.

Peu d'artistes ont traité cette année les sujets de haut style ; aussi doit-on savoir gré à MM. Lehmann, Ziegler, Laemelin, Schutzenberger et Hébert d'avoir tenté de nobles efforts en ce genre. Espérons qu'aux expositions prochaines, ceux de nos peintres justement célèbres qui se sont tenus à l'écart cette année, se montreront de nouveau dans l'arène. Dans l'état où se trouve l'art aujourd'hui, c'est un devoir pour eux.

A cet égard les sculpteurs ne méritent que des éloges, et les plus habiles sont aussi les plus empressés à produire leurs ouvrages en pleine lumière devant le public. Or, comme on l'a dit si souvent, c'est à l'activité courageuse des statuaires de mérite, c'est au frein que leur art met aux aberrations si fréquentes de la peinture que l'on doit le maintien d'une certaine pureté de goût en

France, qui ne laisse jamais aux exagérations privées, le temps de s'établir et de se faire accepter.

Les dessins ont provoqué deux observations importantes : l'une qui tend à faire cesser l'abus de l'exposition publique d'une masse énorme de feuilles de papier barbouillées de croquis informes tracés au fusin : l'autre ayant pour objet de rappeler aux artistes de notre pays, que les plus célèbres grands maîtres de l'école française ont montré bien plus d'aptitude pour le dessin et la composition que pour le coloris, ce qui pourrait devenir un avis salutaire pour ceux de nos jeunes peintres qui ont la prétention d'élever et de former déjà une *école exclusivement coloriste*.

Aujourd'hui que tout le monde veut être servi promptement et à bon marché, l'art de la gravure en taille-douce dont le travail ne peut se faire qu'avec beaucoup de temps et d'argent, est quelque peu dépaysé au milieu de notre société dont les idées et les désirs se succèdent aussi rapidement que les secondes. Cependant, c'est une justice éclatante qu'il faut rendre aux graveurs et aux éditeurs de gravures, que malgré tous les obstacles qu'ils rencontrent avant de pouvoir mener à fin leurs laborieuses et lourdes entreprises, le nombre des ouvrages de grands maîtres anciens et modernes, qui ont été gravés en taille-douce et publiés depuis vingt ans, est au moins égal par la qualité et la quantité, à celui des époques précédentes. Aussi la gravure, ainsi que la statuaire est-elle un art qui non-seulement se maintient en France par sa propre valeur, mais dont la tradition pure et les principes sévères servent de digue aux aberrations périodiques de la peinture dans notre pays.

La gravure en taille-douce et la statuaire sont deux arts de nature aristocratique ; tous les sujets ne leur conviennent pas, et leurs résultats ne conviennent qu'au petit nombre, car on ne les obtient qu'à force de talent, de temps et de dépenses. La lithographie au contraire, se fait vite et relativement à peu de frais, se prête particulièrement à reproduire les compositions pittoresques que nous avons comprises sous le titre de *genre ;* et par ces raisons réunies, est essentiellement populaire et favorise les goûts et les idées démocratiques. Son domaine commence aux scènes anecdotiques et familières, et va en comprenant le paysage se perdre jusque dans les combinaisons les plus vulgaires de la caricature. La lithographie et sa proche parente la gravure sur bois, dont les produits ont été liés, et assimilés même, à ceux de l'imprimerie, sont devenues, depuis quelques années, des compléments indispensables de la presse journalière ; et peut-être doit-on en grande partie à la reproduction incessante de sujets tirés de la vie ordinaire, l'oubli, et l'éloignement même, que la masse du public éprouve pour les compositions élevées et graves qui préoccupent l'esprit au lieu de le divertir seulement.

Les progrès de la photographie sont si rapides et si satisfaisants déjà ; ils menacent tellement d'ailleurs plusieurs autres procédés graphiques, tels que la peinture de portrait, celle de genre, et les moyens divers que l'on a employés jusqu'ici pour reproduire tout ce qui peut être compris sous le nom de nature morte ou au moins immobile, que je ne puis m'empêcher de signaler de nouveau ici une invention et ses résultats, dont l'influence future sur l'art ne se présente encore que d'une manière obscure à l'esprit, mais qui ne peut être insignifiante. Ainsi, au moment où j'écris, on obtient déjà des épreuves photographiques dont la réussite est certaine et la multiplication assez nombreuse, pour que l'on pense à établir une *imprimerie photogra-*

phique au moyen de laquelle on fournirait au public des épreuves qui pourraient être acquises au même prix que des lithographies. Ce serait déjà une petite révolution commerciale; en résultera-t-il une plus sérieuse pour l'art? c'est ce que l'avenir nous apprendra.

Le résumé des observations faites pendant l'examen de l'exposition, est donc :

1° La tendance de presque tous les jeunes artistes de talent, vers la *peinture de genre*, produite par l'abus de l'imitation exacte du naturel, poussée jusqu'au *naturalisme*.

2° La *statuaire* et la *gravure en taille-douce*, maintenant encore les grandes doctrines de l'art.

3° Le *paysage*, conservant cette année la supériorité à laquelle il est parvenu depuis vingt ans; mais menacé toutefois de déchoir par l'abus de la facilité et souvent de dévergondage avec lesquels on commence à le traiter.

4° Le *portrait*, mode de l'art fort bien traité, auquel le naturalisme sagement appliqué, a été aussi profitable qu'il est devenu fatal à la peinture de style élevé.

5° Les *procédés matériels* de la peinture singulièrement perfectionnés, et si habilement mis en usage par la majorité des artistes, que le temps n'est pas éloigné où ceux qui manqueront de ce talent manuel, feront exception; genre de perfection superficielle et négative qui donnera toujours plus d'importance à la masse croissante des hommes médiocres, sans idées, sans goût et sans verve qui ne pouvant être atteints et convaincus matériellement d'avoir fait de mauvais ouvrages, ne manqueront pas de tomber à la charge de l'État.

6° Enfin la fréquence et l'extension énorme des expositions, et l'abus des récompenses qui font accroître le nombre des artistes d'une manière aussi fâcheuse pour l'art que dispendieuse pour les gouvernements.

Ainsi le mécanisme de la peinture mis à la portée de tout le monde; le goût généralement répandu de la peinture de *genre* dont les nombreuses variétés offrent un champ facile à parcourir aux médiocrités de toute espèce; les encouragements donnés par les gouvernements à des artistes dont les ouvrages ne sont évidemment destinés qu'à satisfaire des fantaisies privées, puis les expositions annuelles dont l'effet le plus positif est d'activer et de multiplier les inconvénients qui viennent d'être sig nal ée l les sont les causes de la plaie profonde, mais cachée sous une apparence de santé florissante, qui travaille sourdement l'art en France.

Cette prospérité matérielle de la peinture, car à aucune époque le talent proprement dit, ne s'est aussi universellement développé; cette prospérité apparente, entretenue par une véritable armée de personnes peignant avec habileté, a fait prendre à l'art un caractère nouveau, celui d'une industrie florissante que déjà depuis longtemps, les gouvernements se sont cru engagés, non-seulement à ne pas laisser dépérir, mais à faire croître et fleurir commercialement, avec le plus d'activité possible. C'est ainsi que poussé par cet instinct industriel que l'on applique à tout aujourd'hui, on a placé l'exposition cette année, dans le Palais-Royal, situé rue Saint-Honoré au milieu du quartier le plus fréquenté de Paris, et attenant à quatre galeries qui forment un bazar permanent. Jamais, il est vrai, exposition n'a été plus fréquentée; mais comme le voisinage des cochers de fiacres, le passage des paysans et des porteurs revenant du marché, ainsi que cette foule de gens qui vivent sur la place du Château-d'Eau, pour offrir leurs services aux passants, amenaient par fois des curieux dont la toilette était loin de flatter l'odorat, on a pris le parti d'avoir recours au seul moyen qui reste aux Républiques d'improviser des aristocrates, en faisant payer un franc d'entrée tous les jeudis. Cette opération financière, d'ailleurs, a obtenu le plus grand succès, car elle a produit plus de trente mille francs dont la destination est de donner des secours aux artistes âgés, infirmes et dans le besoin.

Mais comme je l'ai dit dans le cours de cet examen, c'est la cause de l'art que je défends, et non pas celle des artistes considérés comme particuliers. Or je doute très-fort que cet éclat et ce but d'utilité matérielle donnés aux expositions, en fassent diminuer la fréquence. La masse, énorme aujourd'hui des artistes médiocres, s'opposera certainement avec force à cette mesure, et l'administration présente des beaux-arts, entraînée par les précédents de celles qui ont agi avant elle, sera forcée selon toute apparence de céder au torrent qui la pousse. Ce résultat est d'autant plus probable que pendant l'exposition le bruit a couru qu'un certain nombre d'artistes s'étaient réunis, dans l'intention de fonder une *exposition permanente*.

Quoi qu'il en soit, instruits comme nous le

sommes, par les faits relatifs aux soixante-quinze expositions publiques qui ont eu lieu depuis 1673 jusqu'en 1851, et par cette vérité qui en résulte : *que quel que soit le nombre des exposants, soit cinquante sous Louis XIV ou trois mille neuf cent cinquante-deux, sous la seconde République, il ne se trouve jamais que vingt ou trente célébrités plus ou moins durables, à chaque génération,* j'en conclus d'abord, que rien ne me paraît plus problématique que les avantages qui peuvent résulter des expositions publiques pour les arts ; ensuite, que leur ouverture annuelle est sans aucun doute pernicieuse ; et enfin que si elles arrivaient à la permanence, l'art élevé, le seul que les gouvernements aient un véritable intérêt à protéger, ne tarderait pas à être perdu dans notre pays.

Je ne dirai plus que quelques mots sur l'exposition de cette année. Ce qui la distingue essentiellement, est le rôle tyrannique que la dernière génération de nos artistes s'est efforcé d'y jouer. Quelques jeunes peintres, en particulier, s'y sont présentés, non sans des avantages que nous nous sommes empressé de reconnaître, mais aussi avec une bonne opinion d'eux-mêmes, et un dédain si orgueilleusement exprimé pour tout ce qui ne vient pas d'eux, qu'à aucune époque, je le crois, la vanité ne s'est prélassée avec plus de confiance en public. Ce qui a semblé tendre à un développement quelconque, l'effort nouveau enfin, à cette exposition, a été tenté par l'auteur de l'*Enterrement à Ornus* où l'artiste paraît s'être appliqué à démontrer que le choix d'une pensée, d'un sujet et de personnages; que la composition d'une scène et la recherche de formes belles et agréables qui jusqu'ici, ont été regardés comme des conditions essentielles de l'art, lui sont au contraire, parfaitement indifférents, et que toute idée, tout sujet et toute apparence du naturel suffisent au peintre, du moment qu'il a la faculté de rendre ce naturel, quel qu'il puisse être, avec vérité et énergie. Ce système négatif, qui par cela même devient plus absolu que tous les autres et conduit droit au *naturalisme brut,* est l'idée suprême qui a été mise en question cette année. Mais, si je ne m'abuse, cette question a été tranchée par la répulsion générale que le public a éprouvée, en voyant les ouvrages de ceux qui la posaient.

L'exposition de 1850-1851 a donc été piquante et intéressante tant par les *excentricités* de quelques jeunes artistes de talent, que par un assez grand nombre de bons ouvrages traités aussi avec talent mais sous la double influence de la raison et du goût. Cependant, on aurait tort de tirer de l'ensemble de cette exposition des conclusions absolues sur l'état de l'art en France, en ce moment. Pour arriver à un résultat précis sur ce sujet, il aurait fallu que deux mille ouvrages insignifiants ou mauvais, eussent été retranchés du livret, et que nos peintres justement célèbres et dont le talent a été mis à de longues épreuves, y eussent envoyé de leurs ouvrages; car enfin MM. Ingres, P. Delaroche, Ari Scheffer, Coignet, le comte Turpin de Crissé et d'autres encore, sont dans toute la force et la maturité de leur talent; leurs ouvrages sont recherchés dans tous les pays civilisés; et certes ils sont de nature à mettre un poids dans la balance si on avait pu les opposer à des ouvrages qui ont usurpé des places qui ne leur étaient pas dues.

Il ne me reste plus maintenant qu'à chercher quels peuvent être au fond, le système des peintres *naturalistes* et la théorie qui les guide. Depuis trente ans que je traite les matières d'art, j'ai eu pour habitude constante d'éloigner toutes les allusions politiques que l'on se plaît si souvent à y attacher. Mais cette année j'ai si souvent entendu parler d'un art, d'une peinture *socialiste* que ce sujet a éveillé mon attention, et après mûr examen, j'ai reconnu que les compositions ainsi désignées, sont au fond les plus fortement empreintes de que nous avons appelé *naturalisme;* c'est-à-dire celles où les personnages sont sans noms, sans célébrité : dont les sujets insignifiants sont tirés de la vie privée la plus humble et la plus commune même, et qui n'ont enfin aucun éclat qui puisse provoquer l'admiration, le respect ou le plaisir ; genre de peinture souverainement ennuyeuse quand elle n'est pas révoltante, art nouveau dont je crois avoir trouvé la théorie dans un petit livre intitulé : « *La foi nouvelle dans l'art* » dont j'ai rendu compte dans le Journal des Débats du 17 novembre 1850, un peu avant l'ouverture de l'exposition. Voici l'extrait de ce que j'en ai dit :

« Le petit volume intitulé *La foi nouvelle cherchée dans l'art; de Rembrandt à Beethoven*, ne porte point de nom d'auteur et j'ignore qui l'a écrit. Ce qu'il contient indique la douceur et la bienveillance d'un écrivain dont l'esprit jeune ou resté tel, roulant encore dans le chaos des idées que fait germer l'adolescence, ignore ce qui a réellement existé et ne connaît encore que bien imparfaitement ce qui est. A travers une foule de petits paragraphes en apparence décousus, où l'auteur semble tenir peu à ses idées et ne soumettre que des questions qu'il prie le lecteur de résoudre, on reconnaît cependant que puisque l'auteur cherche une foi nouvelle dans les arts, c'est évidemment qu'il a perdu ou n'a jamais eu l'ancienne; et c'est là en effet ce qui peut faire saisir le point capital et la quintessence de son livre, dont la conclusion est qu'à compter de l'année de palingénésie 1848, il n'y a plus qu'une manière de traiter l'art, laquelle consiste à suivre le *genre de poésie populaire* développée, selon l'auteur, dans les peintures de Rembrandt et de Ruysdael; et de substituer aux sujets tirés des légendes religieuses, « nourriture *du peuple,* dit la brochure, parce qu'elles le récréaient de leurs récits merveilleux, d'autres légendes aussi merveilleuses, mais merveilleusement vraies qui parlent incessamment au peuple, de lui-même placé dans un monde possible. » L'auteur propose donc de mettre de côté les légendes des saints, et de peindre à la place, la vie des inventeurs et des artistes célèbres: « mais de ceux qui sont sortis du peuple. »

« Jamais roi couronné et tout puissant n'a été flagorné au point où l'est le peuple dans cet opuscule. Ainsi après avoir désigné Rembrandt, Claude-le-Lorrain, Paul Potter, Mozart et Beethoven comme *sortis du peuple* et par cela même plus dignes de fournir des biographies qui remplaceraient les légendes sacrées, l'auteur voulant se montrer bon prince ajoute : « Mais par un sentiment de justice, je donnerai aussi la légitimité de ceux des artistes plus favorisés par la naissance, qui ont trouvé, comme les autres, *les voix profondes du cœur*. Weber fut un de ces rares artistes qui fut original *sans être du peuple*. » Cette générosité démocratique rappelle les extravagances auxquelles se livrèrent les démagogues de Flore ce vers 1357, lorsqu'ils portèrent une loi qui conférait la *popularité* aux nobles et autorisait à les *refaire nobles* si ils ne se conduisaient pas à la fantaisie de la république. On croit vraiment rêver en lisant certains passages du livre de la *Foi nouvelle*. On y trouve ces paroles entre autres : « Rien n'est si vrai que le chant de Beethoven. C'est le chant de vie, la voix de vérité, voix infaillible *qui créera un monde et fera crouler le monde faux ! Né du peuple Beethoven chante en lui, quoiqu'il soit inconnu du peuple.* »

« Il est à remarquer qu'au milieu de ces excursions vagabondes dans les domaines de la musique et de la peinture, l'auteur de *la foi cherchée dans l'art* ne souffle pas même un mot de la poésie, ni de la sculpture. Quant aux peintres il fait radicalement main basse sur leurs œuvres et leurs doctrines jusqu'au commencement du xviie siècle. Deux sont exceptés : Masaccio, je ne sais pourquoi, et le Corrège parce qu'il *était du peuple*. Mais pour « la vraie peinture nouvelle, la peinture *populaire*, qui doit s'adresser à l'artisan pauvre, l'entretenir sans cesse de lui, lui inspirer le respect et l'amour de ses semblables et le relever à ses propres yeux », pour cette peinture enfin qui doit être le résultat de la foi nouvelle que l'on cherche, elle a commencé et s'est constituée, dit la brochure, dans les ouvrages de Rembrandt et de Ruysdaël. On joint bien à ces noms ceux de Claude le-Lorrain et de Paul Potter, toujours parce que ces hommes *étaient du peuple;* mais quant au Poussin qui, comme Weber, était de famille noble, quant à Le Sueur qui fut presque moine et enfin à P. P. Rubens, fils d'un conseiller du sénat d'Anvers, page chez un seigneur, chevalier des ordres de Philippe IV, conseiller privé de ce prince et chargé deux fois d'ambassades, et par l'Angleterre et par les Pays-Bas, fi donc! peut-on s'occuper de tels gens? ce sont d'admirables génies, il est vrai, mais *ils n'étaient pas du peuple!*

« Quoi qu'il en soit, l'auteur de la recherche

d'une *foi nouvelle* avance que la nouvelle peinture a commencé à être réalisée dans les tableaux de Rembrandt et de Ruysdael. Malgré la juste admiration que fait naître le premier de ces peintres, et tout en lui passant ses anachronismes et le peu d'élévation de quelques-uns de ses personnages, on n'a jamais eu l'idée d'ériger en qualités des défauts qui résultaient du genre de vie que cet artiste a toujours mené, ainsi qu'une certaine négligence dans le choix des formes, et une prédilection pour tout ce que peuvent présenter de pittoresque, la vie intérieure et la pauvreté. Or ce sont précisément ces dernières qualités que l'auteur de la brochure prise plus que toute autre. Ce qu'il aime, ce qui le charme, ce qui est pour lui la poésie par excellence, c'est un intérieur mal balayé, éclairé par une fenêtre étroite par laquelle pénètre comme à regret un rayon de soleil qui donne sur la plus humble des scènes de famille, ce qui le conduit à dire, en analysant une sainte famille de Rembrandt : « Dans ce tableau, le peintre a mis le ménage dans la sainte famille. Pendant que saint Joseph, habit bas, travaille et menuise, la Vierge près du feu allaite l'enfant. sainte Anne démaillotte et admire. Il entre un rayon de soleil couchant, rayon d'or qui échauffe, nourrit cet intérieur..., qu'on appelle ce tableau *la sainte famille* ou *le ménage du menuisier*, qu'importe? Cet intérieur est divin. »

« On doit comprendre maintenant quel est le fond de la théorie pittoresque de l'auteur et pourquoi, à l'exception de Corrége et de Masaccio, parce qu'ils étaient du peuple, il n'a pas dit un mot de Pérugin, de Raphaël, de Léonard de Vinci et de quelques autres grands artistes du xvie siècle. C'est que ces peintres, au lieu de fixer l'attention du vrai peuple, c'est-à-dire de la réunion de toutes les classes de la société, sur des scènes mesquines qui finissent toujours par énerver l'âme et rapetisser l'esprit, se sont plu au contraire à présenter leurs scènes et leurs personnages sous les formes les plus belles pour les élever à la hauteur des sentiments et des pensées qui les animent.

« Quoique ce qui est dit au sujet de Rembrandt dans le petit livre, ne soit pas juste, car rien n'est moins populaire que les ouvrages de cet artiste, cependant on le comprend; mais il n'en est pas ainsi de ce qui concerne le paysagiste Ruysdael; et cependant il serait bon de savoir à quoi s'en tenir sur cette question, puisque l'auteur, après avoir fait comparaison du talent de cet homme avec celui de Claude-le-Lorrain qu'il admire beaucoup, finit par donner la préférence au peintre de Harlem, en ajoutant : « que s'il fallait désigner celui de ces deux artistes que la France doit surtout *reprendre*, il dirait que c'est Ruysdael, lui qui a pris la nature *dans sa réalité poignante mais humaine*. » A propos de quoi les artistes de notre pays seraient-ils obligés de ne saisir aujourd'hui la nature que dans sa réalité poignante? Et avant tout, que veulent dire au juste ces étranges paroles, sur lesquelles l'auteur ne s'est pas expliqué? »

Telles sont en somme les idées formant l'embryon de système du théoricien le plus explicite qui semble d'accord avec les praticiens *naturalistes* dont M. Courbet est le plus avancé et le plus habile, et nous paraît être celui qui a pris la nature dans sa réalité, si non la plus humaine, au moins *la plus poignante*.

Cette ombre de théorie entrevue, cherchons maintenant quel a été l'esprit de la critique appliquée cette année, à la nouvelle doctrine et à l'examen des ouvrages de peinture qu'elle a fait produire. En allant droit au fait, il est évident que l'*Enterrement à Ornus* de M. Courbet résume à lui seul, les défauts énormes et le peu de qualités que comporte la peinture *naturaliste, socialiste* comme d'autres l'ont baptisée; cet art enfin recommandé par le *chercheur d'une foi nouvelle* qui ne permettrait de mettre sur la toile que les scènes tirées de la vie intime du peuple et des pauvres, qui ne demande au peintre de la sainte famille qu'un *ménage de menuisier*, et signale d'avance comme l'artiste le mieux inspiré, celui qui *saisira la nature dans sa réalité poignante et humaine*. Ce sont donc les critiques faites dans les journaux sur la composition de M. Courbet, dont je réunirai ici les traits principaux et les plus caractéristiques.

Voici comme M. Peisse s'exprime sur le talent de cet artiste dans le *Constitutionnel* du 8 janvier 1851 : « On dit que M. Courbet va faire école; on l'annonce dans quelques endroits comme un révélateur. Il aurait découvert ou inventé une nouvelle face de l'art. Sa peinture est une machine révolutionnaire; c'est donc fort sérieux. On ajoute même, pour augmenter notre effroi, que cet art nouveau né est fils légitime de la république; qu'il est le produit et la manifestation du génie démocratique et populaire. Par M. Courbet l'art s'est fait peuple. Cela peut paraître absurde, mais c'est d'autant plus à croire et à craindre. Tout est possible dans ces temps-ci, en fait d'aberrations de goût et d'idées… La théorie de cet artiste n'a rien de nouveau, pas plus que la pratique qu'elle veut justifier et expliquer ; elle se fonde sur ce principe très-faux : que l'art n'est que l'imitation de la nature, théorie matérialiste déjà admirablement combattue par Platon, il y a plus de deux mille ans, et réfutée plus victorieusement encore, par la pratique des grands artistes de tous les temps. »

D'après cet exposé de principes, l'*Enterrement à Ornus* est critiqué avec vigueur par M. Peisse, qui cependant, tout en condamnant le mauvais goût de l'artiste, rend hommage à ce qu'il y a de bon dans son talent comme praticien.

Le spirituel écrivain chargé de la critique en fait d'art, dans le journal *La Presse* (13 février 1851), après avoir accordé quelques concessions aux idées de M. Courbet, fait une critique très-fine et très-nette du système d'imitation matérielle, qu'a suivi volontairement ou involontairement, l'artiste dans son tableau de l'*Enterrement*. « Notre jeune peintre, écrit M. Théophile Gauthier, parodiant le vers de Nicolas Despréaux, paraît s'être dit : *Rien n'est beau que le laid, le laid seul est aimable.* Les types vulgaires ne lui suffisent pas ; il y met un certain choix, mais dans un autre sens; il outre à dessein la grossièreté et la trivialité. Boucher est un maniériste en joli, M. Courbet est un maniériste en laid ; mais tous deux sont des maniéristes ; chacun *flatte* la nature à sa façon : l'un lui prête des grâces, l'autre des disgrâces qu'elle n'a pas. Heureusement le rose du premier n'est pas plus vrai que l'ocre du second. Tous deux dépassent le but, car la manière est une sorte d'idéal manqué ; qu'on reste en deçà ou en delà, il n'importe... L'*Enterrement à Ornus* brille par l'absence résolue de toute composition... L'impression qui résulte de ce tableau est difficile à démêler : on ne sait si l'on doit rire ou pleurer. L'intention de l'auteur a-t-elle été de faire une caricature ou un tableau sérieux? — Nous avons été bien sévère envers M. Courbet, ajoute M. T. Gauthier en finissant ; mais il est assez fort, il possède assez de qualités robustes pour supporter la critique. Nous avons insisté sur ses défauts, parce qu'il ne manquera pas de flatteurs qui surferont ses mérites. »

M. P. Haussard, dans le *National* du 20 février 1851, est plus durement sévère. « Nous avons applaudi, dit ce critique, plus que personne à l'*Après-dînée à Ornus*, exposée l'année dernière; à ce grand et rustique intérieur de famille, où le genre s'élevait presque naturellement aux proportions de l'histoire. Cette année, au Palais-National, M. Courbet nous a tourné bien malgré nous contre lui; et nous avons eu beau résister et tenir ferme devant les *Casseurs de pierres* et les *Paysans de Flagey*, revenir cent fois à cette immense toile d'un *Enterrement à Ornus*, et endurcir notre œil aux cuisantes souffrances du laid, notre esprit à l'affreux dégoût de l'ignoble: il a fallu céder. De cette déconvenue la raison est simple: M. Courbet s'est exagéré lui-même hors de toute mesure. De ses qualités il a fait des défauts énormes; de sa naïve rudesse, une sorte de sauvagerie toute crue; de son sentiment original, une charge excentrique; de son indépendance, une bravade... On ne joue pas impunément à ces gros succès de bruit, d'ébahissement et de scandale; on y perd, ou on y souille ce qu'on peut avoir de valeur dans son art. La chose est arrivée à M. Courbet. »

Malgré l'approbation marquée que M. P. Petroz donne au système des peintres naturalistes dont M. Courbet est le plus fort et le plus exagéré, le critique fait cependant ressortir les défauts qui résultent de ce mode faux de l'art de la peinture. On lit dans le *Vote universel* du 14 janvier 1851:
« Aujourd'hui que nous sommes moins collet monté, personne n'est scandalisé des audacieuses

tentatives de M. Courbet. Nous croyons pour notre part, qu'elles marquent un nouveau progrès vers la sincérité la plus complète de l'art. En adoptant, pour la peinture de genre, la dimension réservée à la peinture historique, M. Courbet a peut-être indiqué le caractère distinctif de l'art contemporain. La glorification de la vie journalière, l'égalité d'importance dans les sujets artistiques frapperont sans doute le grand bon sens populaire si sensible à la jeunesse et à la franchise. — M. Courbet a posé hardiment la question ; mais l'a-t-il résolue complétement ? Il est permis d'en douter. »

A la suite de cet exorde où, comme on a pu s'en apercevoir, sont infusées les doctrines prêchées dans le livre de *La foi nouvelle cherchée dans l'art,* M. P. Petroz fait une critique détaillée et sévère de l'*Enterrement à Ornus,* dont le fond est à peu de chose près le même que celui des articles de journaux précédemment cités, et voici comment il achève d'émettre son opinion sur la composition et le peintre : « Si nous nous sommes
« occupé longuement de M. Courbet, c'est parce
« que nous estimons fort son talent et qu'il a
« ouvert à l'art une route nouvelle. Il veut mon-
« trer le sens, profondément humain et sympa-

« thique de la vie moderne. Mais pour assurer le
« triomphe de cette idée, *éminemment juste et*
« *révolutionnaire*, il doit se défier des amitiés
« trop indulgentes, et ne pas oublier que dans
« les arts les pensées les plus ingénieuses n'ont
« de valeur que par la manière dont elles sont
« rendues. »

Je n'ai trouvé l'éloge complet de l'ouvrage et de la théorie pittoresque de M. Courbet que dans le *Messager de l'Assemblée* du 25 février. Dans un article qui porte pour titre : « *Les intelligences d'aujourd'hui, peintres, musiciens et poëtes,* » on lit les passages suivants :

« Quant à la laideur prétendue des bourgeois d'Ornus, elle n'a rien d'exagéré, rien de faux, elle est vraie, elle est simple. C'est la laideur de la province, qu'il importe de distinguer de la laideur de Paris. Tout le monde s'écrie que les bedeaux sont ignobles. Parce qu'il y a un peu de vin dans leurs trognes; voyez la belle affaire ! C'est la joie, c'est la vie, c'est la santé; le vin aime à donner un brevet de capacité à ceux qui l'aiment, et il colore d'un rouge puissant le nez des buveurs. C'est la décoration des ivrognes. Jamais un nez rouge n'a été un objet de tristesse; au contraire il inspire la joie; ceux-là qui ont le nez rouge ne baissent pas la tête en signe de honte, mais ils la relèvent plutôt, convaincus qu'ils inspirent de la joie à leurs concitoyens. Ces bedeaux m'amusent singulièrement! » s'écrie enfin le critique en parlant de la scène *d'enterrement* où ces personnages figurent, « donc les bedeaux ne sont pas laids. »

Vient ensuite un éloge détaillé de toutes les parties de l'ouvrage de M. Courbet, et un exposé de la doctrine des peintres naturalistes. « Heureusement, est-il dit, le temps des panthéistes qui ont fait jouer des comédies si niaises à la nature, est passé; le *réalisme* apparaît sérieux et convaincu, ironique et brutal, sincère et plein de poésie. Le livre qui mettra à nu toutes ces friperies orgueilleuses ne tardera pas à paraître; les esprits se remuent de toutes parts. En province de jeunes esprits attendent le premier audacieux qui fera sauter tous ces chercheurs de mots, cette école de plaisants, ces ramasseurs d'esprit, ces moutons de Panurge qui suivent tous le même fossé; ces faiseurs de proverbes, ces littérateurs à clichés, ces pâtissiers avec leurs vers fondus dans le même moule. »

Après cette tirade où, je le suppose, le critique écrase de sa supériorité littéraire et par la force du raisonnement, ses pauvres confrères de la *Patrie*, du *National*, du *Constitutionnel* et des *Débats*, revient un nouvel éloge du tableau de M. Courbet, et par contre-coup celui de M. Eugène Delacroix. « On comprend, dit l'élégant apôtre du réalisme, le tapage qu'a dû faire l'*Enterrement* dans le salon carré de l'exposition. De loin, en entrant, l'*Enterrement* vous apparaît comme encadré par une porte. Vous êtes surpris comme à la vue de ces naïves images sur bois, taillées par un couteau maladroit, qui se trouvent en tête des assassinats imprimés par Chassaignon, rue Gît-le-Cœur. L'effet est le même parce que l'exécution est aussi simple. L'aspect est saisissant comme un tableau de grand maître. La simplicité des costumes noirs a la grandeur des Parlements en robes rouges peints par Largillière. Ce n'est pas de l'austérité, c'est la bourgeoisie moderne, en pied, avec ses ridicules, ses laideurs et ses beautés. Il serait dangereux pour M. Courbet d'être mis un moment en regard avec M. Delacroix. M. Delacroix est le seul grand artiste aujourd'hui. C'est un maître ; les autres sont des peintres. Il est compris de peu de gens ; beaucoup mentent qui disent le comprendre, car leurs paroles, leurs actions et leurs œuvres sont en désaccord avec leur prétendue admiration. Mais il n'est pas nécessaire de comprendre M. Delacroix ; moi-même il m'est impossible de rendre un de ses tableaux. Une description de ses ardentes créations équivaut à la férocité d'un tigre empaillé. La peinture de M. Delacroix est électrique.

« Quant à l'*Enterrement* de M. Courbet, il doit une partie du tapage qu'il a soulevé, dans le public, à une individualité assez bien accusée, molle et robuste à la fois, qui écrase les peintres ses voisins. »

Enfin, cette critique étrange se termine par une naïveté qui ne l'est pas moins : «Je ne donnerai pas, dit l'auteur, de conseils à M. Courbet; *je ne me connais pas en peinture ;* qu'il aille où l'emporte son pinceau. Il a produit une œuvre dans ces temps de médiocrités : qu'il oublie dans l'étude les misères que lui feront subir les médiocrités. »

Après avoir mis tous mes soins à donner une idée juste de l'exposition de 1850-1851, j'ai pensé qu'un aperçu des efforts de la critique pour combattre ou soutenir le système du *natu-*

ralisme dans les arts, question essentielle et palpitante aujourd'hui, m'aiderait à achever moins imparfaitement la lourde tâche que j'ai entreprise. Dans cette dernière partie de mon travail, j'en ai usé comme en le commençant; je suis resté sobre de raisonnements mais présentant avec une scrupuleuse fidélité les faits et les pièces qui peuvent éclaircir la question en litige, persuadé que le bon sens du public en profitera pour séparer facilement le faux du vrai.

Il ne reste plus qu'à faire connaître le résultat du travail du jury chargé de la dispensation des récompenses, et les noms des artistes qui les ont obtenues, ce qui sera l'objet du onzième et dernier chapitre qui suit.

XI.

DISTRIBUTION DES RÉCOMPENSES
AUX ARTISTES.

Le but principal de mon examen critique, cette année, a été de prouver d'une manière évidente, le peu d'avantage que nos soixante-quinze expositions publiques ont eu pour le progrès réel des arts en France; et surtout de démontrer, avec l'appui des faits, combien la fréquence de ces expositions est nuisible, puisqu'à chaque génération, ces solennités augmentent la masse des artistes médiocres qui tombent à la charge du gouvernement, tandis que le petit bataillon sacré des hommes qui montrent un véritable talent et peuvent à la rigueur se suffire à eux-mêmes, reste toujours égal, et ne dépasse guère le nombre de vingt-et-un. La conclusion suprême de ce livre est donc qu'il est indispensable de renoncer aux expositions annuelles si l'on ne veut pas être encombré dans huit ou dix ans, d'une population immense d'artistes médiocres qui végéteront sans pouvoir employer leur petit savoir-faire, et demanderont impérieusement du travail.

Cette dernière opinion, très-arrêtée dans notre esprit, nous a entraîné à faire la critique du système des récompenses, dont la distribution aussi fréquente que les expositions, concourt à produire un mal qu'il serait sage d'éviter. Nous appelons donc l'attention de tous les hommes graves, depuis ceux qui prennent part au gouvernement de la chose publique, jusqu'aux artistes, sur ces importantes questions; et pour leur en faciliter l'examen, nous avons déjà donné et nous rassemblons encore ici tout ce qui peut éclairer leur conscience. Voici d'abord une pièce dont nous avons critiqué quelques articles, et qu'il est bon, par cela même, que l'on connaisse dans son ensemble.

RÉGLEMENT DE L'EXPOSITION PUBLIQUE

DES OUVRAGES DES ARTISTES VIVANTS.

1850.

—

Article premier. A chaque exposition, il sera formé un jury spécial pour statuer sur l'admission des ouvrages présentés.

Art. 2. Ce jury sera nommé à l'élection par les artistes exposants.

Art. 3. Le lendemain du jour fixé comme terme de rigueur pour l'envoi des ouvrages, chaque artiste sera admis sur la présentation de son récépissé, et après avoir donné sa signature, à déposer dans une urne préparée à cet effet, un bulletin contenant le nom des jurés qu'il aura choisis.

Il y aura trois urnes :

Une pour les peintres, graveurs et lithographes;

Une pour les sculpteurs et graveurs en médailles ;

Une pour les architectes.

Chaque artiste peintre, graveur et lithographe, devra porter quinze noms sur son bulletin; chaque sculpteur et graveur en portera neuf; chaque architecte cinq.

Des noms d'amateurs pourront être compris dans ces listes.

Les votes seront reçus dans le local de l'exposition, de 8 heures du matin à 2 heures du soir, et le dépouillement commencera immédiatement après la fermeture du scrutin.

Art. 4. Les urnes seront ouvertes par le Directeur des Beaux-Arts, en présence du Président de l'Académie des Beaux-Arts, du Directeur des Musées, et des Membres du Jury du dernier Salon.

Les Jurés seront nommés à la majorité relative.

Art. 5. Il sera formé trois Jurys spéciaux, correspondant aux trois sections indiquées ci-dessus. Feront partie du premier Jury les douze peintres ou amateurs, les deux graveurs et le lithographe qui auront obtenu le plus grand nombre de voix au scrutin correspondant à cette première section. Feront partie du deuxième Jury les sept sculpteurs ou amateurs et les deux graveurs en médailles qui auront réuni le plus de suffrages dans la deuxième section. Feront partie du troisième Jury, les cinq architectes ou amateurs qui auront obtenu le plus de voix.

Art. 6. La section de peinture jugera les peintres, graveurs et lithographes; la section de sculpture jugera les sculpteurs et graveurs en médailles, et le Jury d'architecture les architectes.

Art. 7. La présence de neuf membres au moins dans le Jury de peinture, de cinq dans le Jury de sculpture, et de trois dans celui d'architecture, sera nécessaire pour la validité des opérations.

S'il y a lieu, ce nombre sera complété par des Jurés supplémentaires dans chaque section, et pris à la suite de ceux qui auront été nommés.

Art. 8. Les décisions du Jury seront prises à la majorité absolue des membres présents. En cas de partage, l'admission sera prononcée.

Art. 9. Seront reçues sans examen les œuvres présentées par les Membres de l'Institut, par les grands prix de Rome, par les artistes décorés et par ceux auxquels ont été décernées des médailles ou récompenses de première et de deuxième classe.

Art. 10. Le placement des ouvrages sera fait, sous la présidence du Directeur des Beaux-Arts, par le Jury d'admission.

Art. 11. Un Jury sera institué pour apprécier le mérite des ouvrages d'art admis à l'exposition, et désigner au Ministre de l'Intérieur les artistes qui se seront rendus dignes de recevoir des récompenses ou des encouragements.

Art. 12. Le Jury des récompenses sera composé, pour chaque section, de membres nommés par le Ministre de l'Intérieur et des membres du Jury d'admission qui auront obtenu le plus grand nombre de suffrages lors de l'élection par les artistes.

Pour la section de peinture, onze membres, dont cinq pris dans le Jury d'admission.

Pour la section de sculpture, neuf membres, dont quatre pris dans le Jury d'admission.

Pour la section de gravure, cinq membres, dont deux pris dans le Jury d'admission.

Pour la section d'architecture, cinq membres, dont deux pris parmi le Jury d'admission.

Art. 13. Les récompenses qui pourront être

accordées sur la proposition des divers Jurys consisteront en médailles de :

1re classe, valeur de 1,500 fr.
2e classe, — 500
3e classe, — 250

Art. 14. Les propositions des Jurys ne pourront dépasser, pour la *Peinture*, le nombre de :
3 médailles de 1re classe.
6 — de 2e —
12 — de 3e —

Pour la *Sculpture*, le nombre de :
2 médailles de 1re classe.
4 — de 2e —
6 — de 3e —

Pour la *Gravure*, le nombre de :
1 médaille de 1re classe.
2 — de 2e —
4 — de 3e —

Pour l'*Architecture*, le nombre de :
1 médaille de 1re classe.
2 — de 2e —
3 — de 3e —

Art. 15. Une médaille d'honneur de la valeur

de 4,000 fr. pourra être accordée, à titre de récompense, après l'exposition, sur la proposition spéciale qui en sera faite à la majorité absolue par un des Jurys en faveur de l'artiste qui se sera fait remarquer entre tous par un ouvrage d'un mérite éclatant.

Il sera délibéré sur cette proposition dans une assemblée où tous les Jurys seront convoqués sous la présidence du Ministre de l'Intérieur. La médaille d'honneur sera décernée à la majorité absolue.

Lorsque la médaille d'honneur aura été ainsi accordée, elle sera continuée d'année en année, et donnera droit au paiement annuel d'une somme de 4,000 fr. en faveur du titulaire jusqu'à ce qu'un autre artiste ait mérité cette médaille.

Art. 16. Les récompenses seront distribuées dans une séance solennelle, à laquelle seront appelés tous les artistes exposants.

Art. 17. A la fin de l'exposition, chacun des Jurys spéciaux dressera, par ordre de mérite, une liste consultative des artistes exposants dont les ouvrages lui paraîtront dignes d'être acquis par l'État.

Art. 18. Toutes les œuvres récompensées seront de nouveau exposées pendant la semaine qui suivra la séance de distribution.

Paris, le 9 octobre 1850.

Le Ministre de l'Intérieur,
J. Baroche.

Pour copie conforme :

Le Directeur des Beaux-Arts,
Guizard.

Le 3ᵉ article de ce règlement nous paraît, ainsi que nous l'avons déjà dit, mal conçu, et au fond, injuste, malgré son apparence d'équité. Maintenant que nous savons dans quelle proportion est la masse des médiocrités et des barbouilleurs de toile et de papier, relativement au petit nombre d'artistes qui se distinguent et se rendent célèbres par de bons ouvrages, n'est-il pas raisonnable de s'attendre aux résultats les plus fâcheux, quand, en vertu de cet article III, cette majorité impuissante et naturellement jalouse et audacieuse, se trouve en présence d'une minorité qui se respecte, et que leurs égaux en droit électif, sont disposés à braver ? Donner indistinctement le droit de prendre part à l'élection des jurés, au moindre élève échappé de l'École, ainsi qu'au membre de l'Institut, est une idée aussi niaise qu'injuste. Pour exercer le droit d'élection, dans ce cas, comme dans d'autres plus graves, ne faut-il pas avoir acquis un certain degré de lumières, et surtout une indépendance d'esprit, que le talent seul peut donner? Que l'on admette comme électeur du Jury, les artistes qui n'ont encore obtenu que la médaille de troisième classe, je le conçois; mais, se fier aux lumières et à la conscience du premier farceur venu, à qui il plaira de présenter pour l'exposition, une *croûte* qu'il a faite, ou qu'il a fait faire; cela est par trop absurde.

Quant au 15ᵉ article du règlement, ses inconvénients sont d'une autre nature, mais tout aussi graves selon nous. Cet appât jeté dans la société, au-delà du monde artiste, par une médaille de première classe qui entraîne avec elle *un revenu de quatre mille francs*, peut-il trouver sa justification, à une époque où, si l'on découvrait un moyen juste, humain et légal de diminuer le nombre des artistes, on le saisirait avec empressement?

Toutes ces excitations sont loin, nous le pensons, de favoriser la véritable culture des arts qui a besoin, au contraire, de silence et de calme. Cette vie de trouble et d'inquiétude, dans laquelle on jette continuellement les artistes aujourd'hui, ces espérances fiévreuses de récompenses, d'honneurs et de fortune qui empoisonnent leurs loisirs et chassent de leur imagination ces longues méditations, ces douces rêveries si favorables à leurs travaux, et même à leur bonheur; tout cela leur rend la vie pénible sans donner plus de valeur réelle à leurs travaux. Enfin, cet amour pur et désintéressé de l'art, qui animait et soutenait les Lesueur et les Poussin, par exemple, ces hommes que l'on payait si peu, pour qui il n'y avait ni expositions ni récompenses publiques, et qui recherchaient avant tout, l'approbation du petit nombre des véritables connaisseurs; ce beau et noble mobile qui agissait particulièrement sur l'esprit de ces peintres fameux, est remplacé par un besoin incessant et maladif d'obtenir la vogue à tout prix, de participer aux récompenses, et enfin, de faire fortune Il fallait voir ces pauvres artistes de nos jours, apporter leurs ouvrages à peine terminés de la veille, au Palais-Royal, pour courir les chances de l'admission. Enfin le lundi, 25 novembre 1850, à six heures du soir, toutes les réceptions des tableaux, des sculptures, des gravures, des dessins, etc., etc., pour l'exposition étaient terminées, le délai fatal était expiré. Les grilles ne furent fermées que sur une douzaine de retardataires.

Le Palais-Royal offrait à ce moment le plus curieux spectacle. Tout autour des constructions provisoires s'élevaient des monticules de tableaux de toutes les grandeurs, des brancards chargés de cadres; les plus vastes toiles étaient appuyées sur les murs. Une brigade de sergents de ville, des sentinelles de la ligne protégeaient toutes ces richesses artistiques.

Sous le péristyle de l'Horloge étaient toutes les sculptures entassées jusqu'au jour du classement général. Plusieurs figures ne sont arrivées qu'en tronçons.

Toute la nuit les employés du ministère de l'Intérieur ont été occupés à délivrer des reçus, à enregistrer les notices; les gardiens à recevoir et à emmagasiner les tableaux. C'était un véritable bivouac, auquel n'a pas manqué la buvette traditionnelle.

Les derniers des artistes inscrits ont quitté le Palais à quatre heures du matin.

Grâce aux précautions que l'on avait prises,

tout s'est passé dans le plus grand ordre, sans le moindre accident.

Le total des tableaux, statues, dessins, etc., était de 5,804, c'est-à-dire 624 objets en plus de ce qui a été présenté et exposé en 1848, année pour laquelle le jury d'examen avait été supprimé.

Deux jours après, les artistes ont voté, de huit heures du matin à deux heures, pour la formation du jury chargé de l'admission et du placement des ouvrages au Salon de 1850. Le dépouillement a commencé immédiatement et n'a été terminé que le lendemain. Il a donné les résultats suivans :

PEINTURE, GRAVURE, LITHOGRAPHIE.

Peinture : MM. Robert Fleury, Decamps, Eugène Delacroix, Corot, Horace Vernet, Meissonnier, Théodore Rousseau, Abel de Pujol, Français, Hippolyte Flandrin, Tony Johannot.
Jurés supplémentaires : MM. Dauzats, Diaz, Ary Scheffer, Lepoitevin.

Gravure : MM. Henriquel Dupont, Gelée.

Lithographie : M. Mouilleron.
Juré supplémentaire : M. Aubry-Lecomte.

SCULPTURE ET GRAVURE EN MÉDAILLES.

Sculpture : MM. Rudde, Toussaint, Debay, Barye, David (d'Angers), Petitot, Dumont.
Jurés supplémentaires : MM. Daumas, Pradier.
Gravure en médailles : MM. Oudiné, Barre.

ARCHITECTURE.

MM. Labrouste, Blouet, Duban, Caristie, Gilbert.
Jurés supplémentaires : MM. Visconti, Lesueur.

Après avoir donné les renseignements de quelque importance relatif aux commencements de l'exposition, il ne me reste plus qu'à dire comment cette solennité s'est terminée.

DISTRIBUTION DES RÉCOMPENSES

AUX ARTISTES.

La distribution des récompenses décernées aux artistes, d'après la décision du jury nommé pour faire le choix des meilleurs ouvrages en peinture, sculpture, gravure, lithographie et architecture exposés cette année, a eu lieu le 3 mai, en présence du vice-président de la République, assisté du ministre de l'intérieur, du chef de la division des Beaux-Arts, M. de Guizard, et du directeur du Musée, M. Niewkerk.

L'Assemblée invitée à assister à cette cérémonie était nombreuse et distribuée dans le grand salon, dont les quatre parois ont été assez largement ouvertes pour que les personnes placées dans les galeries pussent voir et entendre, et faire partie en quelque sorte des assistants qui occupaient le grand salon central. L'ensemble de cette décoration, conçue par MM. Séchan et Chabrol, a doublement satisfait le public par l'aspect agréable qu'elle présente, ainsi qu'en raison de la facilité avec laquelle chacun a pu prendre part à la cérémonie. Un orchestre militaire, placé dans la galerie du fond, n'a pas cessé de se faire entendre avant l'arrivée du vice-président et du ministre de l'intérieur, et les intervalles qui ont eu lieu entre la distribution des récompenses aux artistes exerçant différents genres, ont été remplis par des fanfares exécutées avec autant de goût que de précision.

A une heure après midi, le vice-président a pris place au bureau, et le ministre de l'intérieur, M. Léon Faucher, a prononcé le discours suivant :

« Messieurs,

« A l'honneur qui m'est échu de décerner les
« récompenses proposées par les jurys d'examen,
« et de consacrer ainsi le jugement de vos pairs,
« M. le président de la République, dans sa sol-
« licitude éclairée pour les arts, a bien voulu
« ajouter la mission de remettre, au nom du
« pouvoir exécutif, ces insignes aux hommes de
« talent que la voix publique désignait à son
« choix. Je me félicite d'avoir à clore une expo-
« sition que l'Europe nous envie, par des mar-
« ques de satisfaction aussi méritées qu'elles sont
« éclatantes.

« Au milieu des agitations que nous avons eu
« à traverser, les artistes n'ont pas perdu courage.
« Les deux grandes puissances de ce monde, le
« travail et la foi, les ont soutenus. On n'a re-
« marqué dans leurs productions ni temps d'ar-
« rêt ni décadence. Grâce à vos efforts, Messieurs,
« grâce au génie de ses peintres, de ses sculpteurs,
« de ses graveurs et de ses architectes, la France
« n'a pas cessé d'être l'arbitre du goût. Dans le
« domaine des arts, elle n'a perdu aucune de ses
« conquêtes.

« Vous devez aussi beaucoup à la munificence
« des pouvoirs publics. Quel que fût l'embarras
« de nos finances, alors même que le Trésor, en
« épuisant les ressources de l'impôt et du crédit,
« liquidait avec peine les charges que les révolu-
« tions laissent toujours après elles, ni le gou-
« vernement ni les Assemblées n'ont consenti à
« mutiler le budget des musées, des monuments,
« des souscriptions, des commandes. C'est la
« gloire des pouvoirs publics d'avoir compris
« qu'il leur appartenait, dans les jours d'épreuve,
« de ranimer le flambeau de l'imagination qui
« menaçait de s'éteindre.

« Le clergé, Messieurs, n'est plus assez riche
« pour élever des cathédrales, pour illuminer des
« verrières, ni pour appliquer à la décoration de
« ses chapelles les pinceaux d'un Michel-Ange ou
« d'un Raphaël. Nous n'avons, pour encourager
« le culte des arts, ni l'aristocratie de naissance,
« ni l'aristocratie de fortune. Avec la division des
« patrimoines, et sur un sol démocratique jus-
« qu'au tuf, il n'y a guère plus qu'un seul acqué-
« reur possible pour les tableaux et pour les sta-
« tues, et cet acquéreur, c'est l'État.

« Le gouvernement comprend la grandeur de
« cette mission, et il s'efforcera de la remplir.

« Mais un pareil mandat lui donne le droit de
« conseil. Il en usera pour encourager, pour ex-
« citer le sentiment du beau, du vrai en toute
« chose. L'art, Messieurs, n'est pas l'expression
« de la fantaisie ; il est destiné à traduire pour les
« yeux ce que conçoit la raison, ce que le cœur
« sent, et ce que l'imagination voit. L'art n'a ja-
« mais manqué de leçons ; mais ce qu'il lui faut
« surtout pour l'inspirer, ce sont des exemples.
« Les belles époques de l'art sont contempo-
« raines des plus mémorables dates de l'histoire.
« Il rayonne du même foyer que la puissance,
« que le patriotisme et que la vertu. Puisse notre
« société le comprendre enfin après tant de dé-
« sastres ! En aspirant au bien, elle aspirera au
« beau, et quand elle enfantera de grands
« citoyens, elle n'aura pas de peine à enfanter
« de grands artistes. »

Après ce discours, qui a été écouté très-attenti-
vement, M. Mercey, chef des bureaux des beaux-
arts, a appelé successivement les artistes qui ont
été nommés membres de la Légion-d'Honneur,
et ceux qui ont obtenu des médailles de première, de seconde et de troisième classes. Chacun de ces artistes a reçu des mains de M. de
Guizard la récompense que les votes du jury lui

ont fait obtenir, et non sans recevoir les applaudissements du public.

Voici les noms des artistes, qui ont été nommés et les différentes récompenses qu'ils ont reçues :

DÉCORATIONS.

Officier de la Légion-d'Honneur :
    M. Decamps.

Chevaliers :
    MM. Diaz, Jollivet, Léon Fleury, Maxime David et Giraud, *peintres ;*
    M. Desbœufs, *statuaire ;*
    M. Achille Lefèvre, *graveur.*

MÉDAILLES.

PEINTURE.

Médaille de première classe :
    MM. Antigna, Hébert, Barrias.

Médaille de deuxième classe :
    MM. Jalabert, Nicard, Bonvin, Bodmer, Chevandier, Pluxette.

Médaille de troisième classe :
    MM. Chaplin, Jobbé-Duval, Ziem, Schutzenberger, Aze, Faivre-Duffer, Édouard Frère, Laugée, Robie, Nègre, Chazal, Sorieul.

SCULPTURE ET GRAVURE EN MÉDAILLES.

Médaille de première classe:
MM. Lequesne, Pollet.

Médaille de deuxième classe :
MM. Soitoux, Marcellin, Merlet, Fremiet.

Médaille de troisième classe :
MM. Frison, Cordier, Caïn, Fontenelle, Mathieu Justin, Falconier.

GRAVURE ET LITHOGRAPHIE.

Médaille de première classe :
M. Alphonse François.

Médaille de deuxième classe :
MM. Jules François, Burdet.

Médaille de troisième classe :
MM. Eugène Leroux, Jacques, Toudouze, Lemoine.

ARCHITECTURE.

Médaille de première classe :
M. Bouchet.

Médaille de deuxième classe :
MM. Godebœuf, Galand, Jumelin.

Médaille de troisième classe :
MM. Hérard, Brunet, Debaine, Steinheil.

NOMS DES ARTISTES

CITÉS DANS CET OUVRAGE.

Abel de Pujol.
Alaux, J.
Aligny, T.
Amaury Duval.
André, J.
Antigna, A.
Arago, A.
Aubry-le-Comte.

Balfourier.
Baron.
Barrias, F.
Barye.
Bein.
Bellanger.
Bénouville, A.
Biard, F.
Bida, A.
Bigand, A.
Billotte, L. J.
Blagdon, L.

Blanchard, A.
Blanchard, E.-T.
Bodmer, K.
Boisselier, A.-F.
Bonheur, J.
Bonvin, F.
Borget.
Borione, W.
Borromée.
Bosio.
Bouchet.
Boulanger, L.
Bourdier, A.
Bouterweck.
Bralle.
Breton.
Bridoux.
Brune, A.
Brunel-Rocques.
Brunet-Débaisnes.
Butavand.

Cabat, L.
Caminade.
Chambard.
Chaplin, C.
Chassériau, T.
Chaudet.
Chazal, C.-C.
Chenay.
Chevandier de Valdrome.
Christophe.
Clesinger.
Coedes.
Collignon, E.
Comte, P.-C.
Cordier.
Corot, C.
Cosseman.
Couder.
Coulon.
Courbet, G.
Court, J.
Courtet.
Couture.

Dagnan.
Dantan.
Daubigny, C.-F.
Dauzats, A.
Dauphin.
David, M.

Debay, A.
Decaisne, H.
Decamps.
Dehodencq, A.
Delaborde, H.
Delbrouck.
Delacroix, A.
Delacroix, E.
Delaval, P.-L.
Delinières.
Demesnay.
Desbœufs.
Desgoffe, A.
Devers.
Diaz, N.
Dien.
Doubla.
Drolling, M.-M.
Dubasty, A.-H.
Dubufe, E.
Dufeux.
Dusillon.
Ducornet, L.
Duveau, L.-N.
Duveau.

Elschoet.
Errani, C.
Etex.

FAIVRE-DUFFER.
FALCONIER.
FAUVELET.
FÉLON, J.
FÉRON, E.-F.
FEUCHÈRE.
FLANDRIN, H.
FLANDRIN, P.
FLERS, C.
FLEURY, Léon.
FLEURY, Robert.
FORCEVILLE-DUVETTE.
FOYATIER.
FRANÇAIS, E.-L.
FRANCESCHI.
FRANÇOIS.
FRANQUE, P.
FREMIET.
FRÉMY, J.-N.
FRISON.
FROMENTIN, E.

GAILDRAU, C.-V.
GALIMARD, N.-A.
GARNAUD.
GARNIER.
GENDRON, A.
GÉROME, J.-L.
GESLIN.
GIDE.

GIGOUX, J.
GIRARDET, K.
GIRAUD, C.
GIRODON.
GODEBOEUF.
GODDÉ, J.
GOSSE, N.
GRASSE.
GROLIG, C.
GROSCLAUDE, L.
GUIGNET.

HEALY, G.
HÉBERT, E.
HÉRARD.
HERBSTHOFFER.
HESSE, A.
HILLEMACHER, E.
HOSTEIN, E.
HUBERT.
HUSSON.

ISABEY, L.
ISABEY, L.-G.-E.

JACQUAND, C.
JACQUEMART.
JALABERT, C.
JALEY.
JEANMOT, L.

JEANRON, P.-A.
JEAUGE, J.-C.
JÉHOTTE.
JOBBÉ-DUVAL.
JOHANNOT, T.
JOLIN, E.
JOLLIVET, J.
JOUFFROY.
JOUY.
JOYANT, J.
JUMALIN.
JUSTIN-OUVRIÉ.

LAEMELEIN.
LAMBINET, E.
LANDELLE.
LANDRY.
LANGLOIS, C.
LAPITO.
LARIVIÈRE.
LASALLE-BORDES.
LAUGÉE.
LECHESNE.
LE COMTE, E.
LECURIEUX.
LEGENDRE-HÉRAL.
LEHARIVEL.
LEHMANN, H.
LÉPAULLE.
LE POITEVIN.

LEQUESNE.
LE ROUX.
LEROY.
LEVEEL.
LEVY.
LOISON.
LONGUET.
LOUBON.
LUMINAIS.
LUNTESCHUTZ.

MAGNE.
MAINDRON.
MANDEL.
MANGUIN.
MARCELIN.
MARQUET.
MARTINET.
MASSARD.
MASSON, B.
MATET, C.
MATOUT, L.
MAYER.
MEISSONIER.
MEUSNIER, M.
MILLET, Aimé.
MILLET, F.
MILLET, J.-F.
MONGE.
MOUILLERON.

Mouravieff.
Mouton.
Muller, C.
Muller, K.

Nanteuil, Cel.
Nègre.
Noel, L.

Odier, E.
Olesczynsky.
Ottin.
Oudinot, A.

Palizzi.
Passot, G.
Patania.
Pérignon, A.
Philippoteaux.
Picou.
Pignerolle.
Pils.
Poirot.
Pollet.
Pollet, V.-F.
Pommayrac (De).
Pradier.
Préault.
Prévost, A.
Prieur, R.

Queq.

Renoir.
Roehn.
Roguet.
Roller.
Rossotte.
Rouget, G.
Rousseau, L.
Rousseau, P.
Rousseau, Th.

Saint-Eve.
Salmon, T.
Scheffer, H.
Schuller.
Schutzenberger.
Signol.
Simil.
Soitoux.
Soulange, T.
Steinheil.
Sudre.

Tabar.
Thuillier, P.
Timbal.
Trouvé.
Troyon.
Tyr.

VASTINE.
VERDIER, Marcel.
VERNET, H.
VETTER, H.
VIDAL, V.
VIGNON.
VILLAIN.
VINCHON, A.
VIOLLET-LE-DUC, A.

WATELET.
WILD, W.
WILHELM.

YVON.

ZIEGLER.
ZIEM.
ZORG.

DAMES ET DEMOISELLES ARTISTES.

ALLAIN, P. (Mlle).
ANFRAY-RADOUX (Mme).
BIANCHI, Nina (Mlle).
BONHEUR, Rosa (Mlle).
COBUS (Mme).
DUPRAT, S. (Mlle).
GIRARD, B. (Mme).
GIRARDIN, P. (Mme).
GIRBAUD, A. (Mme).
GIRBAUD, J. (Mlle).
DE GUIZARD (Mme).

HERBELIN (Mme).
JUILLERAT, P. (Mme).
LAPOTER (Mme).
LAURENT, P. (Mme).
MARÉCHAL, P. (Mlle).
MUNIER-ROMILLY (Mme).
MUTEL, H. (Mlle).
PIGAULT (Mme).
STANISLAS, Julien (Mlle).
THEVENIN (Mlle).
WAGNER (Mlle).

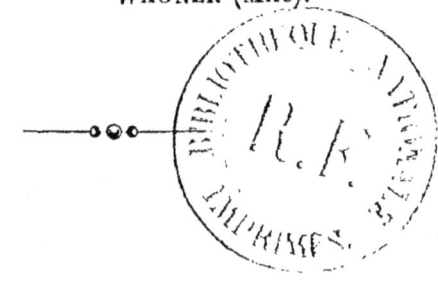

Imprimerie de W. REMQUET et Cie, rue Garancière 5.

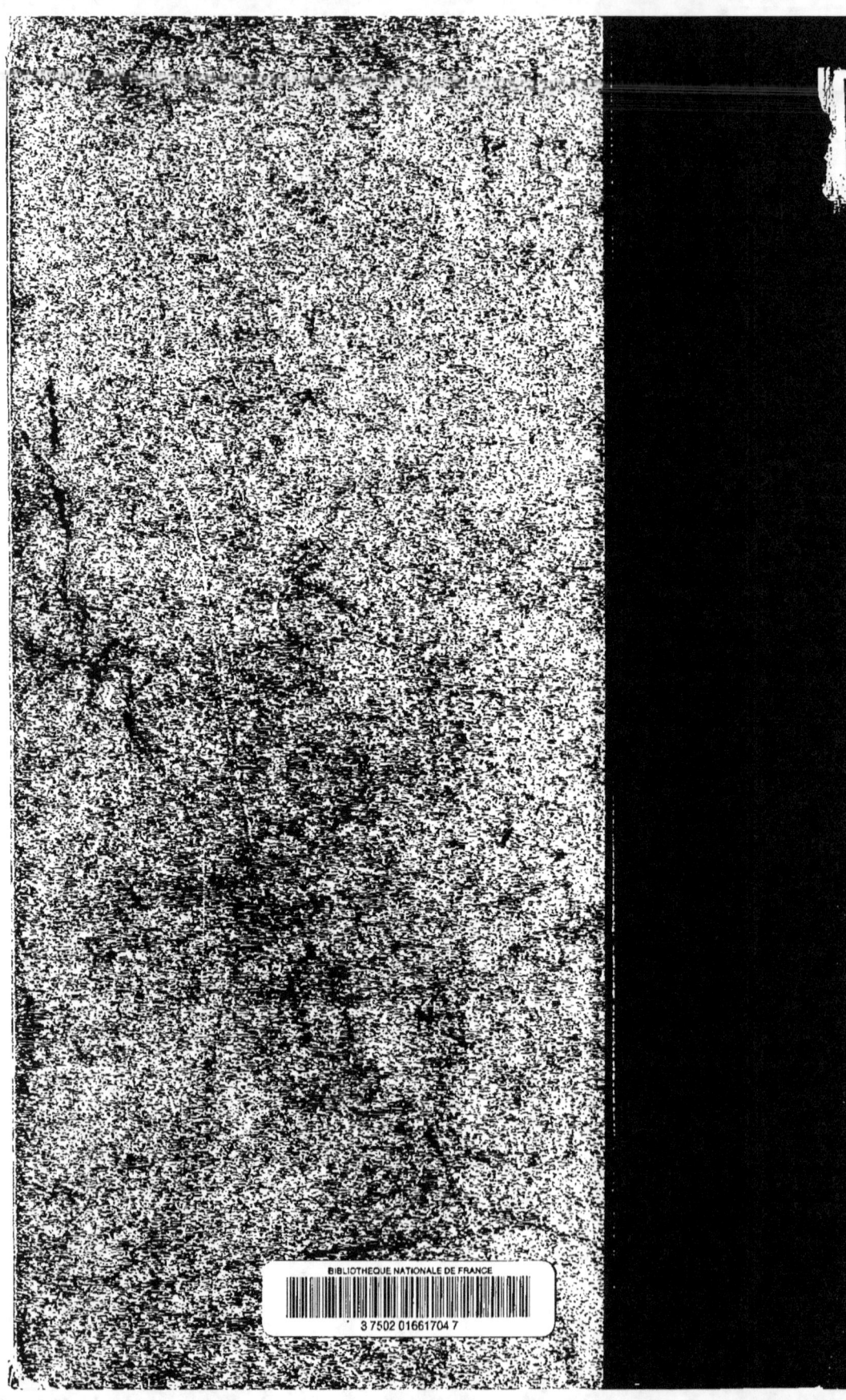

www.ingramcontent.com/pod-product-compliance
Lightning Source LLC
Chambersburg PA
CBHW052240220526
45471CB00001B/124